Prüfer prüfen

Wie arbeitet TÜV Rheinland?

Herausgegeben von TÜV Rheinland

Impressum

Bibliografische Information der Deutschen Nationalbibliothek

Die Deutsche Nationalbibliothek verzeichnet diese Publikation in der Deutschen Nationalbibliografie; detaillierte bibliografische Daten sind im Internet über http://dnb.d-nb.de abrufbar.

1. Auflage 2014/Stand: Mai 2014

ISBN 978-3-8249-1816-4

Herausgeber: TÜV Rheinland AG, Konzernpressestelle

Verfasser: Jörg Meyer zu Altenschildesche mit Stefanie Clausner, Frank Ehlert, Antje Golbach, Hartmut Müller-Gerbes, Wolfgang Partz, Sabine Rieth

Fotos und Illustrationen: TÜV Rheinland AG

Gesamtherstellung: TÜV Media GmbH

Das Werk und seine Teile sind urheberrechtlich geschützt. Jede Verwendung in anderen als den gesetzlich zugelassenen Fällen bedarf deshalb der vorherigen schriftlichen Einwilligung des Verlags.

® TÜV, TUEV und TUV sind eingetragene Marken. Eine Nutzung und Verwendung bedarf der vorherigen Zustimmung.

© by TÜV Media GmbH, Köln 2014

Inhalt

Vorwort 4

TÜV Rheinland: Prüfdienstleister für Qualität und Sicherheit
von Mensch, Technik und Umwelt 6

Daten und Fakten 16

Geschäftsbereiche im Überblick 20

Zehn populäre Irrtümer aufgeklärt: Wissenswertes über TÜV Rheinland . 24

Die Arbeit der Prüfunternehmen: Wichtige Fachbegriffe von A bis Z . . . 32

Fahrzeug- und Führerscheinprüfungen 44

Prüfungen und Prüfzeichen für Produkte – eine Auswahl 52

Prüfung technischer Anlagen und in der Industrie 60

Prüfung von Prozessen und Managementsystemen in Unternehmen . . . 70

Prüfung von Sozialstandards in der Industrie 80

Prüfungen in der virtuellen Welt 86

Stichwortverzeichnis 94

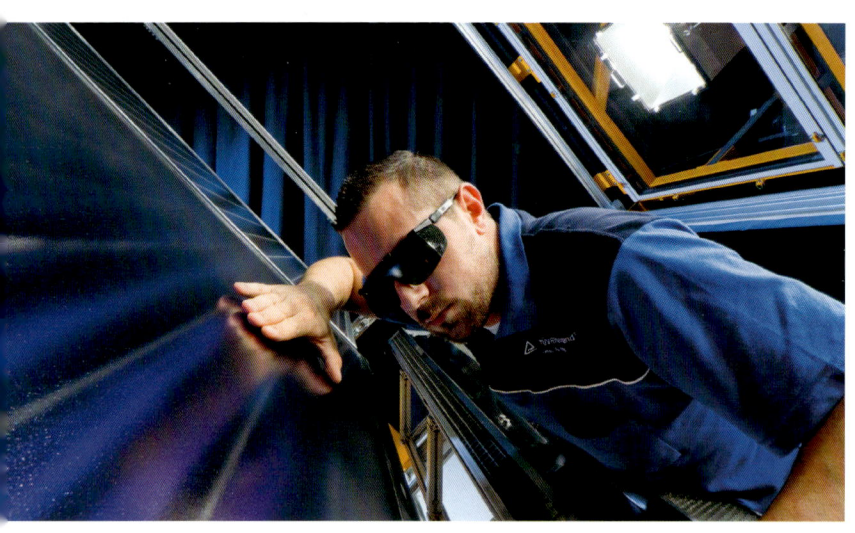

Test eines Solarmoduls im Sonnensimulator

Vorwort

Von Hartmut Müller-Gerbes

Den TÜV Rheinland in einem Satz beschreiben? Kaum möglich, denn zu unterschiedlich ist die Arbeit unserer Mitarbeiter. Wir sind im Labor aktiv, an der Autoprüfstelle, in Kraftwerken, Fabriken, Zügen, auf Schiffen oder Windrädern, in Büros und sogar in Arztpraxen.

Wir sind allgegenwärtig und meistens nicht sichtbar. Warum? Weil Sicherheit nur selten sichtbar ist, sei es beim Spielzeug, bei der Gasturbine, dem Wohnmobil, der Kleidung, beim Lebensmittel, Trinkwasser oder Arbeitsschutz: Wir setzen – gerade in Deutschland – Sicherheit voraus, ohne ständig zu hinterfragen, wo sie herkommt und was sie im Einzelnen bedeutet. Das ist ein Stück Lebensqualität.

TÜV Rheinland prüft seit mehr als 140 Jahren die Sicherheit von technischen Anlagen. Als unabhängiger Prüfdienstleister sind Kompetenz und Vertrauen die Basis unserer Tätigkeit. Gemeint sind damit die hohe Kompetenz der Menschen, die bei uns arbeiten, und das Vertrauen der Öffentlichkeit in unsere Tätigkeit – seien es Verbraucher oder Unternehmen, Verbände oder Politik.

Wir wissen, dass wir eine große Verantwortung tragen, was die Sicherheit von technischen Anlagen und von Autos angeht oder die Sicherheit von Produkten und den Umweltschutz. Im Kern hat sich daran seit unserer Gründung im Jahr 1872 nichts geändert. Geändert hat sich aber die Welt, in der wir leben und arbeiten, Tag für Tag seit 140 Jahren.

Damit ist das Feld der Erwartungen abgesteckt, die die Menschen und die Öffentlichkeit an uns haben: TÜV-geprüft ist ein sprichwörtliches Gütezeichen, mit dem sehr viel verbunden wird. Denn Sicherheit ist oftmals ein subjektives, persönliches Empfinden. Gelegentlich ist die Erwartung an TÜV-geprüft auch zu hoch: Wir können und wollen keine 100-prozentige Sicherheit versprechen und wir tun es auch nicht.

Keine Maschine, kein Auto und kein Arbeitsplatz kann immer und vollständig sicher sein, auch wenn wir den Wunsch oder die Erwartung haben. Was also heißt TÜV-geprüft konkret bei einem Auto, einem Spielzeug, einem Aufzug oder einer Internetseite? Bei TÜV Rheinland versuchen wir darüber möglichst genau Auskunft zu geben, was wir prüfen und was wir nicht prüfen.

Die Fragen, die uns gestellt werden, lauten: Was prüfen wir? Wie prüfen wir? Nach welchen Regeln? Wer sind die Prüfer? Und wer prüft die Prüfer? Dieses Buch will dazu beitragen, Antworten auf solche Fragen zu geben.

Transparenz ist für uns ein wichtiges Gebot. Wir sind heute weltweit in allen Branchen und Lebensbereichen tätig und trotzdem prüfen wir nur den kleinsten Teil all der Produkte und Anlagen, die heute unseren modernen Alltag ausmachen.

Wir können in diesem Buch nur einen kleinen Ausschnitt unserer Tätigkeit vorstellen, aber dafür konzentrieren wir uns auf die Themen, Regelungen und Prüfungen, die für uns in Deutschland und in unserem Alltag eine größere Rolle spielen. Wir wollen auch mit Vorurteilen aufräumen und einen kleinen Einblick in das weltweite System aus Normen, Akkreditierungen, gesetzlichen Regelungen und Zertifizierungen geben, in dem wir als TÜV Rheinland tätig sind – ohne es zu kompliziert zu machen. Denn auch wenn wir viel für den deutschen Markt prüfen, arbeiten inzwischen sechs von zehn Mitarbeiterinnen und Mitarbeitern des TÜV Rheinland außerhalb Deutschlands.

Als Mittler zwischen Mensch und Technik, zwischen Unternehmen und Menschen sind wir Bestandteil eines Wirtschaftssystems, das auf Verantwortung beruht – auf Eigenverantwortung der Wirtschaft und Industrie ebenso wie auf der Verantwortung der Hersteller für ihre Produkte und des Handels, aber auch der Behörden, der Politik und nicht zuletzt der Menschen als Verbraucher und Nutzer von Technik.

Diese Verantwortung als mündige Bürger und Verbraucher spielt heute in der globalisierten und komplexen Welt, in der wir agieren und einkaufen, eine sehr große Rolle. Somit will und kann dieses Buch auch einen Beitrag dazu leisten, bewusster an unserem Wirtschaftsleben teilzunehmen.

TÜV Rheinland: Prüfdienstleister für Qualität und Sicherheit von Mensch, Technik und Umwelt

Verein, Stiftung und Aktiengesellschaft: Grundlagen und Geschichte der TÜV Rheinland Group im Überblick

Keimzelle des weltweit tätigen Prüfunternehmens ist ein Verein, der heutige TÜV Rheinland Berlin Brandenburg Pfalz e. V. Als nicht auf Gewinn zielende Non-Profit-Organisation war und ist er Träger nahezu aller staatlichen Beleihungen. Er hat die wesentlichen operativen Prüftätigkeiten in Tochterunternehmen ausgegliedert, die er über die 1993 gegründete TÜV Rheinland Aktiengesellschaft zusammenfasst. Der Verein ist alleiniger Aktionär dieser Gesellschaft. Gemeinsam mit der TÜV Rheinland Stiftung, die sich in gesellschaftlichen Fragen engagiert, bilden Verein und Aktiengesellschaft die TÜV Rheinland Group oder vereinfacht ausgedrückt TÜV Rheinland.

Gemäß seiner Satzung ist der TÜV Rheinland Berlin Brandenburg Pfalz e. V. unabhängig. Vereinszweck ist die neutrale Beratung, Begutachtung, Prüfung und Überwachung in der Sicherheits- und Verkehrstechnik, Energietechnik und im Umweltschutz. Die Prüftätigkeit wird durch die TÜV Rheinland AG und ihre Gesellschaften durchgeführt. Da der Verein als Aktionär keine Gewinnerzielungsabsicht verfolgt, gibt es den Druck eines Shareholder-Value-Denkens nicht. Die Gewinne der Tochtergesellschaften kommen der Sicherung und Weiterentwicklung des Vereinszwecks in vollem Umfang zugute. Diese Organisationsform ist eine wichtige Voraussetzung für die unabhängige Prüfarbeit der TÜV Rheinland-Experten.

Prüftätigkeit im Überblick

Die TÜV Rheinland AG ist ein privatwirtschaftlich arbeitender Prüfdienstleister. In dem Konzern arbeiten 18.000 Menschen auf allen Kontinenten. Die unabhängigen Fachleute stehen für Qualität und Sicherheit im effizienten Zusammenspiel von Mensch, Umwelt und Technik in nahezu allen Wirtschafts- und Lebensbereichen.

TÜV Rheinland prüft als sogenannter „unabhängiger Dritter" technische Anlagen, Produkte und Dienstleistungen, führt Prüfungen im Auftrag von Unternehmen durch und begleitet Projekte und Prozesse für Unternehmen. Dies erfolgt auf Basis anerkannter Standards sowie nationaler oder internationaler rechtlicher Vorgaben; dazu zählen beispielsweise deutsche oder internationale Normen von DIN oder ISO, aber auch Gesetze und Verordnungen. Zudem schulen und qualifizieren die Fachleute des TÜV Rheinland Menschen in zahlreichen Berufen und

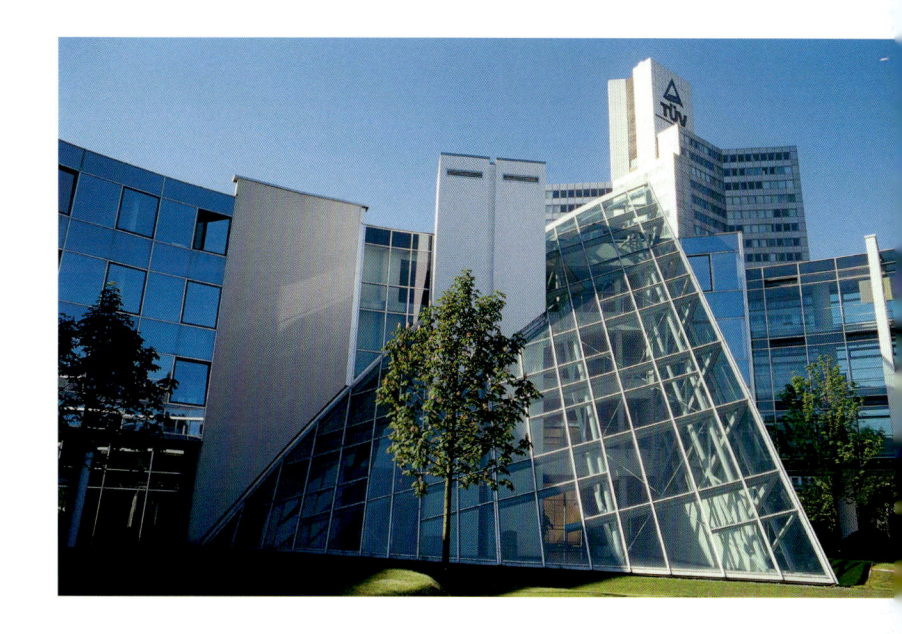

Branchen. Dazu verfügt das Unternehmen über ein globales Netz anerkannter Labore, Prüf- und Ausbildungszentren. Die Tätigkeit der Menschen bei TÜV Rheinland ist von der Überzeugung getragen, dass gesellschaftliche und industrielle Entwicklung ohne technischen Fortschritt nicht möglich sind. Hierfür ist der sichere und verantwortungsvolle Einsatz technischer Innovationen, Produkte und Anlagen entscheidend.

Arbeit der Überwachungsvereine: unabhängig und spezialisiert

TÜV Rheinland blickt auf eine lange Tradition zurück. In den vergangenen mehr als 140 Jahren hat sich aus einem regionalen Prüfverein ein internationaler Dienstleistungskonzern entwickelt. Erste gesetzliche Vorschriften zur technischen Sicherheit der entstehenden großen Dampfmaschinen und Industrieanlagen hatte es in Deutschland seit den 1830-er Jahren gegeben. Die Rolle staatlicher Kontrollen war hierzulande größer als in England, da auch das Misstrauen gegenüber Industrieanlagen deutlich stärker ausgeprägt war. Die Aufsicht über die Kontrolle der Dampfkessel erhielten in Preußen und anderen deutschen Ländern zumeist Beamte, die hierfür jedoch nicht speziell qualifiziert waren.

Letztlich waren es die Betreiber der Dampfkessel selbst, die – ausgelöst durch immer wieder auftretende schwerwiegende Unglücke – seit 1865 Revisionsvereine schufen. Der Begriff Revision steht für Überprüfung. Als Selbsthilfeorganisation verfolgten die Vereine das Ziel, für mehr technische Sicherheit zu sorgen. Diese Vereine entstanden regional und basierten auf Grundlagen, die auch heute noch bedeutsam sind: periodische und unabhängige Überwachung durch speziell ausgebildete Ingenieure und kontinuierlicher Erfahrungsaustausch der Experten, um mit der technischen Entwicklung Schritt zu halten.

1872 war das Geburtsjahr des „Vereins zur Überwachung der Dampfkessel in den Kreisen Elberfeld und Barmen", aus dem TÜV Rheinland hervorgegangen ist. 1872 wurde im jungen deutschen Kaiserreich aber auch die Regelung eingeführt, dass Dampfkesselbetreiber von einer staatlichen Überwachung und Kontrolle der Anlagen befreit werden konnten, wenn sie Mitglied in einem der vom Staat beliehenen Überwachungsvereine waren und ihre Anlagen von diesem kontrollieren ließen. Beleihung durch den Staat bedeutet: Bei der Erfüllung staatlicher Aufgaben kann es sinnvoll sein, speziellen Sachverstand oder bereits vorhandene private Organisationen zu nutzen und mit der Durchführung staatlicher Aufgaben zu beleihen. In dem entsprechenden Gesetz von 1872 heißt es: „Dampfkessel, deren Besitzer Vereinen angehören, welche eine regelmäßige und sorgfältige Überwachung der Kessel vornehmen lassen, können von der amtlichen Revision befreit werden." Das gab der Idee der Dampfkessel-Revisionsvereine und der späteren technischen Überwachungsvereine in Deutschland einen entscheidenden Anschub.

Das System, das entstand, beruht auf der sehr hohen persönlichen Qualifikation des jeweiligen Prüfers und seiner Unabhängigkeit.

Die unabhängigen Vereine übernahmen die Aufgabe der Überprüfung von Dampf- und Druckanlagen erfolgreich. Die Sicherheit der Anlagen wurde auf diesem Weg erhöht, ohne dass eine staatliche Behörde dies sicherstellen musste. 1879 gab es in Deutschland 78 Verunglückte bei Kesselexplosionen, zwanzig Jahre später noch 35, obwohl sich die Zahl der Anlagen mehr als verdoppelt hatte.

Neben dem Ziel der technischen Sicherheit ist ein weiterer Vorteil der Organisation mit technischen Überwachungsvereinen, dass Behörden entlastet werden. Für die Prüfungen müssen keine Steuergelder eingesetzt werden, sondern die Wirtschaft trägt die Kosten der Tätigkeit von TÜV Rheinland selbst. Die Unabhängigkeit der Prüfung wird wiederum unter anderem durch die Organisationsform und die staatliche Aufsicht über die Prüfer sichergestellt.

Grundlagen und staatliche Kontrollen der Arbeit des TÜV Rheinland

Seit Gründung des TÜV Rheinland haben Industrialisierung, Mobilität, Internationalisierung und Digitalisierung das Wirtschaftsleben und den Alltag der Menschen vollständig verändert. Die Ziele im Leitbild der TÜV Rheinland Group sind aber gleich geblieben. Auch die wesentlichen Grundlagen der Prüfungen, die TÜV Rheinland vornimmt, sind bis heute gleich: die hohe Kompetenz und gute Ausbildung der Mitarbeiterinnen und Mitarbeiter sowie die Unabhängigkeit in ihrer Tätigkeit. Menschen oder Unternehmen bezahlen für die Prüfleistung des TÜV Rheinland, das Ergebnis der Prüfung ist jedoch offen und nicht käuflich – bei der Führerschein- oder Fahrzeugprüfung ebenso wenig wie bei der Produktprüfung oder der Kontrolle einer Industrieanlage.

Neben der wirtschaftlichen Unabhängigkeit ist aus Sicht staatlicher Behörden auch die fachliche Unabhängigkeit extrem wichtig. Beides wird durch ein Kontrollsystem sichergestellt, das in Deutschland und darüber hinaus für die technische Überwachung etabliert ist. So wird TÜV Rheinland auf vielfache Weise durch staatliche Behörden und durch andere Organisationen überwacht, damit die gleichbleibende Qualität und Unabhängigkeit der Arbeit garantiert sind. Um anerkannte Prüfungen durchführen zu dürfen, muss TÜV Rheinland zunächst selbst von den zuständigen Behörden anerkannt werden (Akkreditierung). Je nach Art der Prüfung wird TÜV Rheinland beispielsweise in Deutschland von Landes- und Bundesbehörden kontrolliert, Gleiches gilt entsprechend in allen Ländern. Insgesamt besitzt TÜV Rheinland weltweit rund 700 Akkreditierungen, also verschiedene staatliche Anerkennungen zum Prüfen.

Entwicklung der TÜV in Deutschland

Die Entwicklung zum heutigen TÜV Rheinland vollzog sich schrittweise: Nach der Gründung des Vereins 1872 folgte 1877 der Zusammenschluss von 80 Dampfkesselbetreibern zum „Rheinischen Dampfkessel-Überwachungsverein (DÜV) Cöln-Düsseldorf". Die fortschreitende Industrialisierung brachte im 20. Jahrhundert eine rasante technische Entwicklung mit sich. Dadurch weitete sich das Spektrum der Anlagen, Produkte und technischen Geräte, die nach Einschätzung und Ansicht staatlicher Behörden überprüft werden mussten, erheblich aus. Die Überwachungsvereine übernahmen in unterschiedlichem Umfang somit neben der Überprüfung von Dampfkesseln beispielsweise auch die technische Kontrolle von Aufzügen, Druckbehältern, Kraftwerken, Tankanlagen, Maschinen und – seit Anfang des 20. Jahrhunderts – natürlich von Kraftfahrzeugen.

1936 erfolgte die Umbenennung der Dampfkesselüberwachungsvereine in die Technischen Überwachungsvereine, kurz TÜV. Aus dem Rheinischen DÜV wurde der TÜV Köln und 1962 der TÜV Rheinland e. V. mit damals 600 Beschäftigten an sechs Standorten.

Ein weiterer bedeutender Schritt in der Entwicklung des Vereins war der Aufbau der deutschlandweiten Präsenz. Meilensteine auf diesem Weg waren 1997 die Fusion des TÜV Berlin-Brandenburg und des TÜV Rheinland sowie 2003 des TÜV Pfalz mit dem TÜV Rheinland. 2005 folgte mit dem Kauf der bayerischen Landesgewerbeanstalt LGA ein weiterer großer Schritt zur Konsolidierung des Prüfmarktes in Deutschland, der 2013 durch die Eingliederung der in der Fahrzeugprüfung tätigen FSP-Gruppe seinen vorläufigen Endpunkt erreichte.

1970 begann mit der Gründung der ersten ausländischen Tochtergesellschaft zudem die schrittweise Internationalisierung. 1993 erzielte TÜV Rheinland rund 12 Prozent des gesamten Umsatzes mit etwa 700 Mitarbeiterinnen und Mitarbeitern im Ausland. Inzwischen sind 60 Prozent der Mitarbeiterinnen und Mitarbeiter des TÜV Rheinland in eigenen Gesellschaften in derzeit 66 Ländern tätig. Sie erzielen gut 50 Prozent des gesamten Umsatzes.

1993 erfolgte auch die Umsetzung einer neuen Unternehmensstruktur: Während der damalige TÜV Rheinland e. V. weiterhin im wesentlichen staatsentlastende Aufgaben wie die Prüfung von Autos und anderen Kraftfahrzeugen, aber auch von Dampfkesseln und Aufzügen erfüllte, wurde das sonstige Geschäft – auch im Ausland – von der neu gegründeten Aktiengesellschaft gesteuert, deren Aktien vollständig der Verein hielt und heute noch hält.

Das Prüfgeschäft hat sich in diesen Jahren auch in Deutschland weiter verändert. Neben der beschriebenen Konsolidierung der Prüfvereine erfolgte eine schrittweise Liberalisierung des Prüfmarktes durch die Politik. Zunächst betraf dies die Hauptuntersuchung bei Kraftfahrzeugen. Ein weiterer großer Schritt war 2002 das Inkrafttreten der Betriebssicherheitsverordnung unter anderem für sogenannte überwachungsbedürftige Anlagen. Seitdem werden beispielsweise Dampfkesselanlagen oder Druckbehälter, Tankstellen- oder Aufzugsanlagen von Zugelassenen Überwachungsstellen in einem für ganz Deutschland liberalisierten Markt überprüft, aber nicht mehr nur von den TÜV.

Der Verein: TÜV Rheinland
Berlin Brandenburg Pfalz e. V.

Der TÜV Rheinland Berlin Brandenburg Pfalz e. V. wird überwiegend von Industrie- und Wirtschaftsunternehmen getragen. Der Verein ist alleiniger Aktionär der TÜV Rheinland AG, die das Prüfgeschäft des Konzerns führt. Mitglieder des Vereins, zu denen kleine und mittelständische Unternehmen ebenso wie Großunternehmen gehören, tragen ideell den Grundgedanken der Verbesserung technischer Sicherheit von Anlagen und Produkten durch eine unabhängige zusätzliche Kontrolle, wie sie die Prüfgesellschaften von TÜV Rheinland vornehmen.

Eine wichtige Rolle spielt der Verein aus Sicht der staatlichen Behörden insbesondere in der Kraftfahrzeug- und der Führerscheinprüfung, denn der Verein ist mit der Durchführung der Prüfungen vom Staat beliehen worden. Der Verein wiederum hat verschiedene Gesellschaften mit der Wahrnehmung dieser Aufgaben beauftragt.

Die Mitglieder des Vereins haben keinerlei Einfluss auf das tägliche Prüfgeschäft der TÜV Rheinland AG, sie haben keine finanziellen Beteiligungen oder Gewinnbeteiligungen oder andere unmittelbare finanzielle Vorteile durch ihre Mitgliedschaft.

In nahezu allen Lebensbereichen und Branchen tätig

Als eines der führenden internationalen Prüfunternehmen für Qualität und Sicherheit beobachten die Prüfer des TÜV Rheinland technische und wirtschaftliche Trends und gestalten diese mit. Deshalb ist TÜV Rheinland in zahlreichen Normungsgremien vertreten. Die Ziele: Sicherheit steigern, Risiken reduzieren. Technik – so der Anspruch – muss Menschen, Unternehmen und Umwelt dienen und darf nicht schaden.

Prüfen, untersuchen, zertifizieren, schulen und beraten: Alle zentralen Tätigkeitsfelder des TÜV Rheinland ergeben sich aus dem Anspruch auf sicheren und effizienten Betrieb technischer Anlagen oder sichere Produkte, sei es in der Industrie, im Verkehr oder bei Konsumgütern. Organisiert ist TÜV Rheinland in seinen sechs Geschäftsbereichen Industrie Service, Mobilität, Produkte, Training und Consulting, Systeme sowie Leben und Gesundheit. Der Konzern ist in allen bedeutenden Wirtschafts- und Lebensbereichen tätig. Das beginnt bei der Energiewirtschaft und Konsumgüterindustrie, geht über die Automobilbranche, die Grundstoff- und Investitionsgüterindustrie, Umwelttechnik, Handel, Bau, Nahrungsmittelindustrie, Luftfahrt, Bahntechnik, IT-Branche, den Bereich Informationssicherheit mit Datensicherheit und Datenschutz, Logistik, Banken und Finanzdienstleister, Landwirtschaft, Tourismus bis hin zum Bildungssektor und zur Gesundheitsbranche.

Prüftätigkeit und Prüfzeichen

TÜV Rheinland prüft meist für Unternehmen oder Behörden und Organisationen. Für Verbraucher wird in solchen Fällen eine bestandene Prüfung bei TÜV Rheinland erst erkennbar, wenn eine Prüfplakette oder ein Prüfzeichen vergeben wird. Prüfzeichen werden in der Produktprüfung, bei einigen Prüfungen technischer Anlagen – wie Aufzüge, Rolltreppen oder Fahrgeschäfte – sowie bei der Zertifizierung von Managementsystemen vergeben. Hierzu verfügt TÜV Rheinland über ein einheitliches Prüfzeichen. Zusätzlich vergibt TÜV Rheinland in der Produktprüfung das Prüfzeichen der 150 Jahre alten Traditionsmarke LGA, die seit 2005 zu TÜV Rheinland gehört. Darüber hinaus besitzt TÜV Rheinland die Anerkennung, Prüfzeichen zu vergeben, die gesetzlich verankert sind oder von anderen Organisationen entwickelt wurden. Dazu zählt beispielsweise das GS-Zeichen für die geprüfte Sicherheit von Produkten, das in Deutschland gesetzlich geregelt ist.

Das eigene Prüfzeichen des TÜV Rheinland hat eine einheitliche Gestaltung und klar geregelte Inhalte, die für größtmögliche Verständlichkeit und Transparenz bei Verbrauchern sorgen sollen: Über einheitliche Schlüsselbegriffe im Prüfzeichen wie „Sicherheit" oder „Qualitätsmanagement" wird deutlich, was geprüft wurde. Dazu kommt ein sogenannter QR-Code, der mit einer Datenbank verknüpft ist, auf der weiter gehende Informationen zum Prüfumfang hinterlegt sind. Drittens verfügt das Prüfzeichen über eine Ident-Nummer, über die der Prüfinhalt im Internet frei zugänglich für jedermann unter www.tuv.com abgerufen werden kann.

Heute: Von der Einzelprüfung zur Projektbegleitung

Oftmals führt TÜV Rheinland nicht nur einzelne Prüfungen durch, sondern begleitet für Unternehmen Projekte über einen längeren Zeitraum. Dies gilt beispielsweise für die Überwachung bei Infrastruktur- und Industrieprojekten. Sei es bei der Schaffung von Telekommunikations- oder Energieinfrastruktur, bei industriellen Anlagen und Kraftwerken, Bahnstrecken oder Häfen, Wohnsiedlungen, Autobahnen oder Krankenhäusern: In solchen Projekten arbeiten die Fachleute von TÜV Rheinland begleitend in den verschiedenen Prozessschritten mit und über Fachgebiete hinweg.

Weitere Beispiele für den Wandel in der Tätigkeit des TÜV Rheinland weg von einzelnen Prüfungen hin zur Mitarbeit in größeren Projekten sind die Arbeitsmedizin und die berufliche Qualifikation: In der Arbeitsmedizin geht der Trend inzwischen über die einzelne medizinische Untersuchung hinaus in Richtung der gesunden Gestaltung von Arbeitsplatz und Arbeitsabläufen (betriebliches Gesundheitsmanagement). Bei den Angeboten der Akademie, die in der beruflichen Aus- und Weiterbildung tätig ist, bietet TÜV Rheinland nicht nur die einzelne Fortbildungsmaßnahme für Mitarbeiterinnen oder Mitarbeiter, sondern begleitet auch die erforderliche Personalentwicklung eines Unternehmens umfassend.

Weltweites Netzwerk von Menschen, Standorten und Laboratorien

Grundlage der breiten Kompetenz des TÜV Rheinland sind eine hohe Qualifikation und große Erfahrung der Mitarbeiterinnen und Mitarbeiter, zu denen Ingenieure, Naturwissenschaftlicher oder Ärzte ebenso gehören wie Psychologen, Wirtschaftswissenschaftler, Geologen, Geisteswissenschaftler und Geografen. Durch sein breites Aufgaben- und Kompetenzspektrum ist TÜV Rheinland in vielen Bereichen auch bei der Erforschung und Entwicklung neuer Technologien tätig, arbeitet selbst an der Entwicklung neuer Standards und Sicherheitsnormen mit und führt im Auftrag Dritter Forschungsvorhaben durch.

Zu den Unternehmenskunden von TÜV Rheinland zählen regional verankerte kleine und mittelständische Unternehmen ebenso wie weltweit tätige Konzerne. Entsprechend stark ist heute die internationale Ausrichtung bei TÜV Rheinland, um alle Unternehmen als Kunden global begleiten zu können. Weltweit geht das nur mit spezialisierten Expertennetzwerken, einheitlichen Prozessen, einem globalen Netz von Prüf- und Laborzentren sowie den nationalen und internationalen Anerkennungen für Prüf- und Zertifizierungsdienstleistungen. Die Labore des TÜV Rheinland verfügen ihrerseits über die unabhängige Anerkennung durch die staatlichen Aufsichtsbehörden nach der weltweit gültigen ISO 17025. Auch dieser Nachweis der korrekten Arbeitsweise eines Labors wird regelmäßig überwacht.

Vorteilhaft ist die internationale Präsenz von TÜV Rheinland mit rund 700 Akkreditierungen für Kunden auch bei der Produktprüfung im globalen Markt: TÜV Rheinland darf aufgrund der weltweiten Anerkennungen als Prüfdienstleiter arbeiten und kann damit die Kontrolle und Zertifizierung von Produkten aus einer Hand sicherstellen – und somit den Marktzugang in allen relevanten Hersteller- und Absatzmärkten.

Das Netzwerk von Prüflaboratorien des TÜV Rheinland umfasst unter anderem Labore zur Umweltanalytik und für Werkstofftechnik, für physikalische und chemische Produkt- und Komponentenprüfungen sowie für die Analyse von Lebensmitteln. Speziell für Fahrzeuguntersuchungen unterhält TÜV Rheinland fast 300 Prüfstationen in Chile, Deutschland, Frankreich, Lettland und Spanien sowie Testzentren für passive Sicherheit, Abgas- und Motorentechnik. Jährlich kontrolliert TÜV Rheinland die Sicherheit von 8,5 Millionen Fahrzeugen.

Deutschland ist für TÜV Rheinland der Heimatmarkt und bleibt auch künftig bedeutend für das Unternehmen. Aber im Gegensatz zu früher ist Deutschland heute „nur" eine von insgesamt acht Regionen weltweit, in denen die Tätigkeit des TÜV Rheinland organisiert ist. Neben Deutschland sind diese Regionen

Internationaler TÜV Rheinland Global Compact Award 2008

Westeuropa, Osteuropa, China, Südamerika, Nordamerika, der asiatisch-pazifische Raum sowie Indien mit dem Nahen Osten und Afrika.

TÜV Rheinland Stiftung und Engagement im Global Compact der UN

Um die nachhaltige Entwicklung von Sicherheit und Qualität weltweit zu fördern, unterstützt TÜV Rheinland seit 2006 den Global Compact der Vereinten Nationen. Die Initiative zur Gründung des Global Compact hat auf dem Weltwirtschaftsforum 1999 in Davos der damalige Generalsekretär der Vereinten Nationen Kofi Annan ergriffen. Er forderte die Spitzenvertreter der führenden Wirtschaftsunternehmen auf, ein internationales Bündnis (Global Compact) einzugehen, um Grundsätze aus den Bereichen Menschenrechte, Arbeitsstandards und Umweltschutz als Mindeststandards in ihren Unternehmen zu verankern und weltweit voranzutreiben. 2004 kam der Bereich Antikorruption dazu.

Ein wichtiger Baustein des Engagements der TÜV Rheinland Group im Global Compact ist neben der Arbeit im Lenkungskreis des deutschen Netzwerks die Verleihung des Internationalen TÜV Rheinland Global Compact Awards. Dieser wird seit 2008 von der TÜV Rheinland Stiftung vergeben, deren Stifter der TÜV Rheinland Berlin Brandenburg Pfalz e. V. ist. Der Internationale TÜV Rheinland Global Compact Award findet Unterstützung durch das Generalsekretariat der Vereinten Nationen. Der Preis ehrt herausragende Persönlichkeiten, die mit ihrer Arbeit die Ziele des Global Compact der Vereinten Nationen unterstützen. Zu den Preisträgern zählen unter anderem der ehemalige Bundesminister Dr. Volker Hauff und der Unternehmer Dr. Michael Otto.

Darüber hinaus verfolgt die TÜV Rheinland Stiftung eigene soziale Projekte mit dem Zweck, Aktivitäten auf dem Gebiet der Sicherheits- und Energietechnik, des Verkehrswesens und des Umweltschutzes zu fördern und die Entwicklungszusammenarbeit, Bildung und Ausbildung zu verbessern. Zuletzt hat die Stiftung 2013 in Myanmar ein Projekt zur Förderung der internationalen Wettbewerbsfähigkeit der Textilbranche des Landes initiiert und durchgeführt. Über einen Zeitraum von sechs Monaten wurden ausgewählte lokale Unternehmen zur Optimierung ihrer Produktionsprozesse geschult und für grundlegende CSR-Anforderungen sensibilisiert.

Daten und Fakten

TÜV Rheinland Group

TÜV Rheinland Berlin Brandenburg Pfalz e. V.
TÜV Rheinland Stiftung
TÜV Rheinland AG

Am Grauen Stein
51105 Köln

Telefon: +49 2 21/8 06-0
Telefax: +49 2 21/8 06-1 14

www.tuv.com
www.tuv.com/unternehmensbericht

Aufgaben TÜV Rheinland

Nachhaltige Entwicklung von Sicherheit und Qualität im Zusammenspiel von Mensch, Technik und Umwelt in nahezu allen Lebens- und Wirtschaftsbereichen. TÜV Rheinland prüft als unabhängiger Dritter technische Anlagen, Produkte und Dienstleistungen, begleitet Projekte und prüft Prozesse in Unternehmen. Die Experten trainieren Menschen in zahlreichen Berufen. Dazu verfügt TÜV Rheinland über ein globales Netz anerkannter Labore, Prüf- und Ausbildungszentren.

Kennzahlen TÜV Rheinland AG 2013

- Umsatz: 1,6 Milliarden Euro, davon 48 Prozent außerhalb Deutschlands
- Mitarbeiter Jahresdurchschnitt: 18.000, davon Deutschland: 7.330, international: 10.620
- Ergebnis vor Zinsen und Steuern (EBIT): 117 Millionen Euro
- Umsatzrendite: 7,3 Prozent
- Investitionen: 75,7 Millionen Euro
- Standorte in 66 Ländern auf allen Kontinenten

Umsatzanteile der Geschäftsbereiche

- Industrie Service (29 %)
- Mobilität (24 %)
- Produkte (23 %)
- Training und Consulting (13 %)
- Systeme (8 %)
- Leben und Gesundheit (3 %)

Aktionär TÜV Rheinland AG

TÜV Rheinland Berlin Brandenburg Pfalz e. V. (100 %)

Vorstand TÜV Rheinland Berlin Brandenburg Pfalz e. V.

Prof. Dr.-Ing. habil.
Bruno O. Braun
Vorsitzender des
Vorstandes des
TÜV Rheinland Berlin
Brandenburg Pfalz e. V. und
Vorsitzender des Aufsichts-
rates der TÜV Rheinland AG

Prof. Dr.-Ing.
Jürgen Brauckmann

Prof. h. c.
Ralf Wilde, PhD

Entwicklung TÜV Rheinland

▶ **1872**
Gründung als Verein zur Überwachung der Dampfkessel in den Kreisen Elberfeld und Barmen.

▶ **1877**
Zusammenschluss zum Rheinischen Dampfkesselüberwachungsverein (DÜV).

▶ **1936**
Umbenennung in Technischer Überwachungsverein Köln (TÜV).

▶ **1962**
Umbenennung in TÜV Rheinland e. V.; sechs Standorte im Rheinland mit 600 Mitarbeiterinnen und Mitarbeitern.

▶ **1970**
Gründung der ersten Tochtergesellschaft im Ausland.

▶ **1993**
Gründung TÜV Rheinland AG.

▶ **1997**
Fusion von TÜV Berlin-Brandenburg und TÜV Rheinland zum TÜV Rheinland Berlin Brandenburg e. V.

▶ **2003**
Fusion mit dem TÜV Pfalz zum TÜV Rheinland Berlin Brandenburg Pfalz e. V.

Vorstand TÜV Rheinland AG

Ulrich Fietz (Sprecher)

Thomas Biedermann

Ralf Scheller

Stephan Schmitt

▶ 2005
Integration der LGA sowie zweier großer ungarischer Prüfinstitute.

▶ 2006
Beitritt zum Global Compact der Vereinten Nationen. Integration zweier führender brasilianischer Prüfdienstleister.

▶ 2007
Gründung der Gesellschaft in Australien; auf allen Kontinenten vertreten.

▶ 2010
TÜV Rheinland wird mit der Übernahme von Geris zum größten technischen Prüfdienstleister in Brasilien.

▶ 2012
60 Prozent der Beschäftigten des TÜV Rheinland sind außerhalb Deutschlands tätig.

▶ 2014
TÜV Rheinland wird mit Unternehmensübernahmen im Bereich IT-Sicherheit einer der größten unabhängigen Prüfdienstleister für Informations- und Datensicherheit weltweit.

Geschäftsbereiche im Überblick

Arbeitsfelder des TÜV Rheinland

TÜV Rheinland steht als unabhängiges Prüfunternehmen für Qualität und Sicherheit im Zusammenspiel von Mensch, Technik und Umwelt in nahezu allen Wirtschafts- und Lebensbereichen. Das Unternehmen prüft und zertifiziert technische Anlagen, Produkte und Dienstleistungen, begleitet Projekte und gestaltet Prozesse für Unternehmen. Hinzu kommen Leistungen rund um Informationssicherheit, Arbeitsmedizin und Arbeitssicherheit sowie Ausbildung und berufliche Qualifikation.

Die Arbeit des TÜV Rheinland ist in sechs Geschäftsbereichen organisiert: Industrie Service, Mobilität, Produkte, Training und Consulting, Systeme, Leben und Gesundheit.

Das Industrieprüfgeschäft ist stärkstes Standbein des TÜV Rheinland mit einem Anteil von 30 Prozent am Gesamtumsatz, gefolgt von der Produktprüfung sowie den Leistungen rund um Mobilität. Alle drei Bereiche zusammen machen knapp 80 Prozent des gesamten Geschäfts von TÜV Rheinland aus.

Industrie Service

Der Geschäftsbereich Industrie Service erwirtschaftete 2013 einen Umsatz von 494 Millionen Euro. Der Industrie Service umfasst die Geschäftsfelder Druckgeräte und Anlagentechnik, Förder- und Maschinentechnik, Aufzüge, Elektro- und Gebäudetechnik, Supply Chain Services, Bautechnik, Energie und Umwelt sowie Projektmanagement. Zu den Leistungen zählen beispielsweise die Prüfung von Industrieanlagen, die Begleitung von Industrie- und Infrastrukturprojekten, die Überprüfung von Druckbehältern, Fördertechnik, Aufzügen, die elektronische Zustandserfassung von Straßen, die Bautechnik sowie die Umwelt- und Schadstoffanalytik.

Zum Industrie Service gehört mit der Druckbehälterprüfung die Dienstleistung, die den Ursprung der systematischen technischen Überwachung in Deutschland darstellt. Auch TÜV Rheinland wurde 1872 als „Dampfkessel-Überwachungsverein" gegründet. Denn im Zuge der rasanten Industrialisierung im 19. Jahrhundert rückte in Deutschland die Anlagensicherheit – ausgelöst durch schwere Unglücke – mehr und mehr in den Fokus der breiteren Öffentlichkeit und der Politik.

Stärkste Wachstumsfelder im Industrieprüfgeschäft sind das Projektmanagement sowie die Druckgeräteprüfung und Werkstofftechnik. Derzeit legt TÜV Rheinland den Schwerpunkt auf den weiteren internationalen Ausbau von Leistungen in der Energiebranche. Das gilt für Energieerzeugung ebenso wie für Verteilung, Infrastruktur und Netzausbau sowie Energienutzung unter den Aspekten Sicherheit und Effizienzsteigerung. Beispielsweise wird das Thema Smart Grid – also die intelligente Steuerung von Stromnetzen – von einem internationalen Kompetenzteam mit Hochdruck vorangetrieben. Denn viele Fragen der Funktionalität und Sicherheit sind hier noch offen.

Mobilität

Der Geschäftsbereich Mobilität erzielte 2013 einen Umsatz von 397 Millionen Euro. Die klassischen Fahrzeuguntersuchungen baut TÜV Rheinland flächendeckend in Deutschland aus. Aber auch international – vor allem in Westeuropa und Afrika – wächst dieses Geschäft. Weltweit haben die Sachverständigen des TÜV Rheinland 2012 rund 8,5 Millionen Fahrzeuge geprüft und tragen so zu mehr Sicherheit auf den Straßen bei. Der Geschäftsbereich verantwortet neben dem Kfz-Prüfgeschäft und der Bahntechnik auch die Führerscheinprüfung in Deutschland mit über 250.000 Prüfungen im Jahr, Autoservice und Gutachten, die Prüfung der Zulassungsfähigkeit von Fahrzeugkomponenten und Fahrzeugen (Homologation), Verkehrstelematik sowie Logistik.

Produkte

Der Geschäftsbereich Produkte erwirtschaftete 2013 einen Umsatz von 391 Millionen Euro. Er führt Prüfungen der Funktionalität, Gebrauchstauglichkeit, Ergonomie und Sicherheit von Produkten ebenso wie die Zertifizierung von Produkten durch. Dies ist Voraussetzung dafür, dass Hersteller, Importeure oder Handelsunternehmen ihre Produkte in bestimmten Märkten verkaufen können. Der Geschäftsbereich Produkte prüft jegliche Artikel des täglichen Bedarfs – seien es Unterhaltungselektronik, Glas, Möbel, Textilien, Spielzeug, Freizeitartikel, Haushaltsgeräte oder Lebensmittel. Hinzu kommen beispielsweise Prüfungen in der Umwelt und Schadstoffanalytik, Kontrollen der elektromagnetischen Verträglichkeit von elektrischen und elektronischen Produkten, Maschinen und Medizinprodukten sowie die Prüfung von Solarmodulen, Batterien oder Brennstoffzellen. TÜV Rheinland unterhält hierzu ein globales Netzwerk an Prüfzentren, die teilweise spezialisiert auf bestimmte Produkte oder Prüfleistungen zugeschnitten sind. Vier Fünftel des Geschäfts in der Produktprüfung werden außerhalb Deutschlands abgewickelt, vornehmlich in Asien.

Training und Consulting

Der Geschäftsbereich Training und Consulting erzielte 2013 einen Umsatz von 221 Millionen Euro. Er unterstützt Unternehmen ebenso wie Privatpersonen zum Beispiel mit Ausbildungs- und Qualifikationsangeboten, Seminaren für Fach- und Führungskräfte oder mit Weiterbildungsangeboten in neuen Berufsfeldern. Weitere Themen sind Dienstleistungen für den Arbeitsmarkt, das Forschungs- und Entwicklungsmanagement, Informationssicherheit einschließlich Datenschutz und Datensicherheit, Business Consulting, der Betrieb von Privatschulen und der eigene Verlag. Das Geschäft mit der Informationssicherheit nimmt stark zu. Derzeit sind bei TÜV Rheinland in den USA und Deutschland rund 270 Spezialisten mit diesem Thema beschäftigt.

Berufliche Qualifizierung und Weiterbildung haben in zahlreichen industrialisierten Ländern ebenso wie in den Schwellenländern einen hohen Stellenwert. Bereits seit über 40 Jahren ist TÜV Rheinland in Deutschland deshalb mit der eigenen Akademie in diesem Bereich tätig. In Deutschland führt die Akademie jährlich rund 12.000 Veranstaltungen mit rund 120.000 Teilnehmerinnen und Teilnehmern durch. Auch in anderen Ländern wird dieses Leistungsangebot ausgebaut. Derzeit ist TÜV Rheinland bereits in 16 Ländern mit Bildungsangeboten im Markt.

Systeme

Der Geschäftsbereich Systeme mit der Zertifizierung von Managementsystemen hat 2013 einen Umsatz von 124 Millionen Euro erwirtschaftet. Die Aufgabe der Mitarbeiterinnen und Mitarbeiter in diesem Bereich des TÜV Rheinland ist es, Managementsysteme sowie Prozesse, bestimmte Dienstleistungen oder ganze Unternehmen als unabhängiger Dritter zu prüfen und bei positiven Ergebnissen zu bestätigen, dass die zuvor definierten Standards systematisch eingehalten werden. Dazu zählen insbesondere Qualitätsmanagementsysteme (z. B. ISO 9000) oder Umweltmanagementsysteme zahlreicher Unternehmen (ISO 14000 und das europäische System EMAS), aber auch Servicequalität, Compliance Management oder Energiemanagement. Allein im Bereich des Qualitätsmanagements hat TÜV Rheinland derzeit knapp 23.000 geltende Zertifikate für Unternehmen weltweit ausgestellt. Alle geltenden Zertifikate sind bei TÜV Rheinland unter www.certipedia.com im Internet abrufbar.

Leben und Gesundheit

Der kleinste Geschäftsbereich Leben und Gesundheit erzielte 2013 einen Umsatz von 58 Millionen Euro. Das Kerngeschäft ist hier auf Gesundheitsmanagement, Arbeitsmedizin sowie Arbeitssicherheit und regional auf den deutschen Markt fokussiert. TÜV Rheinland ist mit knapp 60 Standorten in ganz Deutschland einer der führenden Anbieter im Arbeits- und Gesundheitsschutz. Das betriebliche Gesundheitsmanagement, die Erstellung von Gefährdungsbeurteilungen oder das Wiedereingliederungsmanagement nach Krankheit gehören zu den Aufgaben, die vom TÜV Rheinland bearbeitet werden.

Zehn populäre Irrtümer aufgeklärt:
Wissenswertes über TÜV Rheinland

1 TÜV Rheinland ist keine staatliche Prüfbehörde, sondern ein Prüfunternehmen.

TÜV Rheinland war noch nie eine staatliche Behörde (wie die anderen TÜV-Unternehmen auch). Seit 150 Jahren funktioniert das System TÜV zusätzlich zur Verantwortung der Wirtschaftsunternehmen und zusätzlich zur staatlichen Kontrolle als privatwirtschaftlich organisierte Kontrolle für technische Sicherheit und Qualität. TÜV Rheinland hat die Aufgabe, technische Anlagen und Produkte sicherer zu machen. Prüfungen von TÜV Rheinland geben Verbrauchern zusätzlich mehr Orientierung im Markt. Dazu wurde 1872 ein technischer Überwachungsverein gegründet. Der TÜV Rheinland Berlin Brandenburg Pfalz e. V. verfolgt keine Gewinnerzielungsabsicht und ist alleiniger Aktionär der TÜV Rheinland AG, die die operativen Tätigkeiten durchführt.

TÜV Rheinland hat keine Befugnisse der Marktüberwachung und Marktaufsicht oder beispielsweise polizeiliche Befugnisse und arbeitet auch in deregulierten Märkten. Davon ausgenommen ist nur die Führerscheinprüfung. Auch ist TÜV Rheinland keine Genehmigungsbehörde bei einem Bauwerk, einem Kraftwerk oder Flughafen, sondern führt beispielsweise im Auftrag des Bauherrn Prüfungen und Abnahmen durch, die erforderlich sind, um staatliche Genehmigungen zu erhalten.

Das gilt auch bei Kontrollen im Betrieb von Kraftwerken oder Industrieanlagen. Hier arbeitet TÜV Rheinland ebenfalls im Auftrag der Unternehmen. Verantwortlich für den Betrieb ist aber das jeweilige Unternehmen selbst und Aufsicht führt die jeweilige staatliche Behörde, beispielsweise das zuständige Regierungspräsidium oder Ministerium.

2 TÜV Rheinland ist ein Verein, aber auch ein gewinnorientiertes Wirtschaftsunternehmen.

Unter dem Dach der TÜV Rheinland Group sind der Verein, die Aktiengesellschaft und die Stiftung zusammengefasst. Keimzelle des weltweit tätigen Prüfunternehmens ist ein Verein, der heutige TÜV Rheinland Berlin Brandenburg Pfalz e. V. Als nicht auf Gewinn zielende Non-Profit-Organisation war und ist er Träger nahezu aller staatlichen Beleihungen. Er hat die wesentlichen operativen Prüftätigkeiten in Tochterunternehmen ausgegliedert, die er über die 1993 gegründete TÜV Rheinland Aktiengesellschaft zusammenfasst. Der Verein ist alleiniger Aktionär dieser Gesellschaft. Gemeinsam mit der TÜV Rheinland Stiftung, die sich in gesellschaftlichen Fragen engagiert, bilden Verein und Aktiengesellschaft die TÜV Rheinland Group oder vereinfacht ausgedrückt TÜV Rheinland.

Gemäß seiner Satzung ist der TÜV Rheinland Berlin Brandenburg Pfalz e. V. unabhängig. Vereinszweck ist die neutrale Beratung, Begutachtung, Prüfung und Überwachung in der Sicherheits- und Verkehrstechnik, Energietechnik und im Umweltschutz. Die Prüftätigkeit wird durch die TÜV Rheinland AG und ihre Gesellschaften durchgeführt. Da der Verein als Aktionär keine Gewinnerzielungsabsicht verfolgt, gibt es den Druck eines Shareholder-Value-Denkens nicht. Die Gewinne der Tochtergesellschaften kommen der Sicherung und Weiterentwicklung des Vereinszwecks in vollem Umfang zugute. Diese Organisationsform ist eine wichtige Voraussetzung für die unabhängige Prüfarbeit der TÜV Rheinland-Experten.

Der TÜV Rheinland Berlin Brandenburg Pfalz e. V. wird überwiegend von Industrie- und Wirtschaftsunternehmen getragen. Der Verein ist alleiniger Aktionär der TÜV Rheinland AG, die das Prüfgeschäft des Konzerns führt. Mitglieder des Vereins, zu denen kleine und mittelständische Unternehmen ebenso wie Großunternehmen gehören, tragen ideell den Grundgedanken der Verbesserung technischer Sicherheit von Anlagen und Produkten durch eine unabhängige zusätzliche Kontrolle, wie sie die Prüfgesellschaften des TÜV Rheinland vornehmen. Die Mitglieder des Vereins haben keinerlei Einfluss auf das tägliche Prüfgeschäft, sie haben auch keine finanziellen Beteiligungen oder Gewinnbeteiligungen oder andere unmittelbare finanzielle Vorteile durch ihre Mitgliedschaft.

3 TÜV Rheinland ist der international stärkste TÜV.

Es gibt verschiedene Unternehmen mit dem gleichen Namensteil „TÜV", die aber im Wettbewerb miteinander stehen und auch im Wettbewerb mit anderen Prüfunternehmen. Die großen TÜV-Unternehmen arbeiten allesamt international. TÜV Rheinland ist mit einem Umsatzanteil von fast 50 Prozent und 10.600 Mitarbeiterinnen und Mitarbeitern außerhalb Deutschlands der internationalste TÜV. Zudem gibt es noch die kleineren, teilweise regional arbeitenden TÜV-Organisationen. Alle diese Unternehmen arbeiten in ähnlichen Bereichen und in vielen Fällen nach den gleichen gesetzlich oder international festgelegten Regeln und Normen.

4 TÜV Rheinland arbeitet nicht nur im Rheinland, sondern in ganz Deutschland und weltweit.

TÜV Rheinland wurde im Rheinland (Elberfeld) gegründet, arbeitet inzwischen aber weltweit. Es gibt verschiedene Unternehmen, die den Namen TÜV führen (dürfen). Sie alle haben sich darauf geeinigt, eine regionale Angabe hinzuzufügen, um eine Unterscheidung möglich zu machen. TÜV Rheinland trägt dabei den Namen der Region, in der das Unternehmen vor über 140 Jahren gegründet wurde. Die großen Unternehmen wie TÜV Rheinland arbeiten aber nicht regional begrenzt, sondern mit Niederlassungen, Laboren und Prüfstellen in ganz Deutschland. TÜV Rheinland hat rund 150 Standorte in Deutschland, über 2.000 Mitarbeiter sind in Köln tätig, knapp 1.000 Mitarbeiter in Berlin, 800 in Nürnberg sowie 200 in Kaiserslautern. Mehr als 10.000 Mitarbeiterinnen und Mitarbeiter des TÜV Rheinland sind außerhalb Deutschlands tätig und das Unternehmen hat Tochtergesellschaften rund um den Globus in derzeit 66 Ländern.

5 TÜV Rheinland prüft nach Beauftragung durch Unternehmen, Behörden oder Privatpersonen.

Das System der technischen Überwachung mit TÜV Rheinland und anderen Prüfunternehmen wurde dazu geschaffen, eine staatlich organisierte und durch Steuergelder finanzierte Kontrolle technischer Anlagen zu vermeiden. Damit wurden auch die Kosten der Prüfungen privatisiert: TÜV Rheinland prüft im Auftrag und auf Rechnung seiner Kunden – also der beauftragenden Unternehmen, staatlicher Behörden sowie Organisationen oder Personen. Was für Autofahrer bei der Hauptuntersuchung gilt, ist also normales Prinzip der Arbeit des TÜV Rheinland: Die Kunden zahlen für die Prüfleistung, nicht etwa der Staat. Das wiederum entlastet die Staatskasse in sehr vielen Bereichen, beispielsweise bei der Kontrolle der technischen Sicherheit von Industrieanlagen, Autos oder Bauwerken. Grundsatz ist dabei: Bezahlt wird die Prüfleistung ganz unabhängig vom Prüfergebnis. Es gibt einige wenige Bereiche im vorbeugenden Verbraucherschutz, in denen TÜV Rheinland auch ohne externen Auftrag prüft. Das gilt beispielsweise bei Produkttests von Spielzeug, Textilien, Freizeitartikeln oder elektrischen Produkten, bei denen Fachleute des TÜV Rheinland die Verbraucher über Risiken informieren wollen.

6 TÜV Rheinland prüft, weil es gesetzlich vorgeschrieben ist oder nach eigenen Prüfstandards.

In welchen Fällen prüft TÜV Rheinland? TÜV Rheinland prüft, wenn das Unternehmen von anderen Unternehmen, Privatpersonen oder Behörden und Organisationen beauftragt wurde. Es gibt vier verschiedene Varianten der Prüftätigkeit des TÜV Rheinland.

- TÜV Rheinland prüft, weil es gesetzlich vorgeschrieben ist, nach gesetzlich festgelegten Regeln und wird dabei in der Arbeit durch staatliche Aufsichtsbehörden kontrolliert. Zu solchen Prüfungen zählen beispielsweise die Führerscheinprüfung oder die Hauptuntersuchung bei Autos oder die Prüfung von technischen Anlagen vor der erstmaligen Inbetriebnahme.

- TÜV Rheinland prüft nach gesetzlich festgelegten Regeln oder nach national und international geltenden Normen, aber diese Prüfungen sind für die Unternehmen freiwillig. Auch bei dieser Arbeit wird TÜV Rheinland durch staatliche Behörden kontrolliert. Zu den Arbeiten, die in diesem Rahmen vorgenommen werden, gehören bei Produkten die Prüfung für das GS-Zeichen, bei Managementsystemen zum Beispiel die Prüfung des Qualitätsmanagements (ISO 9000) oder Umweltmanagements (ISO 14000) sowie die jährliche Prüfung von Aufzügen oder Rolltreppen.

- TÜV Rheinland prüft nach selbst entwickelten Standards und nach eigenen Kriterien, weil es keine gesetzliche Regelung oder anerkannte Norm gibt. Hierbei wird TÜV Rheinland nicht direkt durch staatliche Behörden kontrolliert, sondern vor allem durch den Markt (ist die Prüfung gut und hilfreich?). Warum prüft TÜV Rheinland auch nach eigenen Standards? Längst nicht für alle Produkte oder technische Anlagen und Dienstleistungen gibt es klare Sicherheits- und Qualitätsregeln. Auch gibt es immer wieder technische Innovationen, und oft dauert es Jahre, bis Produkt- und Prüfnormen entwickelt wurden. In solchen Fällen wird TÜV Rheinland tätig, wenn es eine Nachfrage aus der Wirtschaft gibt. Zu diesen freiwilligen Prüfungen nach eigenen Standards des TÜV Rheinland gehören zum Beispiel die Datenschutzprüfung bei Apps von Smartphones (Check your App), die Prüfung von Cloud Services, die Prüfung und Abnahme von Solaranlagen, das Sicherheitsmanagement in Bundesligastadien, die Prüfung der Servicequalität in Hotels oder der Kundenzufriedenheit von Unternehmen. In diesen Fällen gibt es keine anerkannten nationalen Normen oder gesetzliche Regelungen.

- TÜV Rheinland prüft und untersucht spezielle Einzelfragen im Auftrag von Unternehmen oder Behörden. Hierbei bewältigt TÜV Rheinland zahlreiche Prüfaufträge. Beispiele sind die Schadenuntersuchung bei Unfällen, Tests bei der Entwicklung neuer Produkte oder Prüfungen bei Großprojekten, damit der Bauherr die nötigen behördlichen Genehmigungen erhalten kann.

Nur in seltenen Fällen des vorbeugenden Verbraucherschutzes prüft TÜV Rheinland ohne einen solchen Auftrag. Zumeist geht es dann darum, Menschen und Medien über bestimmte Gefahren bei Produkten aufzuklären und zu informieren. Das gilt für Tests von Spielzeug, für die Prüfung von Schadstoffen in Kunststoffartikeln, Tests von Textilien, Badeartikeln oder Spielplätzen. In der Regel führt TÜV Rheinland solche Tests fünf bis sechs Mal im Jahr durch und veröffentlicht die Ergebnisse.

7 TÜV Rheinland arbeitet wirtschaftlich und fachlich unabhängig.

TÜV Rheinland arbeitet unabhängig, obwohl das Unternehmen für seine Prüftätigkeit bezahlt wird. TÜV Rheinland unterliegt einer Vielzahl von Kontrollen durch die staatlichen Behörden aller Länder, in denen der Konzern arbeitet, und durch die Organisationen, nach deren Regeln Prüfungen vorgenommen werden. Dazu zählt auch die staatliche Aufsicht auf lokaler, regionaler, nationaler und internationaler Ebene. Ziel dabei ist es, die fachliche Kompetenz und Unabhängigkeit zu kontrollieren. TÜV Rheinland benötigt in vielen Bereichen eine staatliche Anerkennung und Kontrolle, um prüfen zu dürfen. Mitarbeiter, Messinstrumente und Prüflabore werden ebenfalls regelmäßig vom Staat überprüft, um sicherzustellen, dass TÜV Rheinland korrekt arbeitet. Das ist gut so. Denn das alles gewährleistet zusätzlich die Kompetenz, Seriosität, Unabhängigkeit und Unbestechlichkeit, die wiederum die Basis für das Vertrauen der Industrie, Verbraucher, Politik und breiteren Öffentlichkeit in die Arbeit der Prüfer bildet. TÜV Rheinland würde die Lizenz zum Prüfen verlieren, wenn das Unternehmen gegen die anerkannten Regeln verstößt.

8 TÜV Rheinland prüft im Auftrag von Menschen und Unternehmen, aber unabhängig und nach den jeweils vorgegebenen Regeln.

Die Prüfleistung des TÜV Rheinland wird nicht aus öffentlichen Geldern finanziert oder aus Steuermitteln, vielmehr kaufen Kunden – Unternehmen oder Privatpersonen – bei TÜV Rheinland eine Prüfleistung, wie es beispielsweise auch bei der Hauptuntersuchung für Autos der Fall ist. Die Kunden kaufen dabei kein positives Prüfergebnis oder Prüfzeichen, sondern die Prüfung selbst. Ob diese bestanden wird, ist offen. So fallen 25 Prozent aller Autos durch die Hauptuntersuchung bei TÜV Rheinland, aber auch 50 Prozent aller Produkte, die ein GS-Zeichen erhalten sollen. Über 50 Prozent aller Sozialaudits bei Managementsystemen, die TÜV Rheinland durchgeführt hat, waren negativ; 30 Prozent aller Solarkraftwerke, die TÜV Rheinland abgenommen hat, sind mit gravierenden Sicherheits- oder Qualitätsmängeln durchgefallen.

Diese und weitere Beispiele zeigen die Unabhängigkeit des TÜV Rheinland, aber auch, dass die beauftragenden Unternehmen Wert auf Sicherheit oder Qualität legen. Denn vielfach verbessern sie nach einer negativen Prüfung das Produkt und beseitigen damit Mängel. Die den TÜV Rheinland beauftragenden Unternehmen investieren in zusätzliche Prüfungen meistens freiwillig. Für Konsumenten gilt deshalb: Hat ein Produkt ein Prüfzeichen von TÜV Rheinland, ist das besser, als hätte es keines. TÜV Rheinland führt rund 400.000 Produktprüfungen jährlich durch, nur bei sehr wenigen der kontrollierten Produkte gibt es hinterher im Markt negative Auffälligkeiten. Ist dies jedoch der Fall, geht TÜV Rheinland allen Hinweisen selbstkritisch und unvoreingenommen nach.

9 Es gibt nur ein Prüfzeichen von TÜV Rheinland und eines der Tochtermarke LGA.

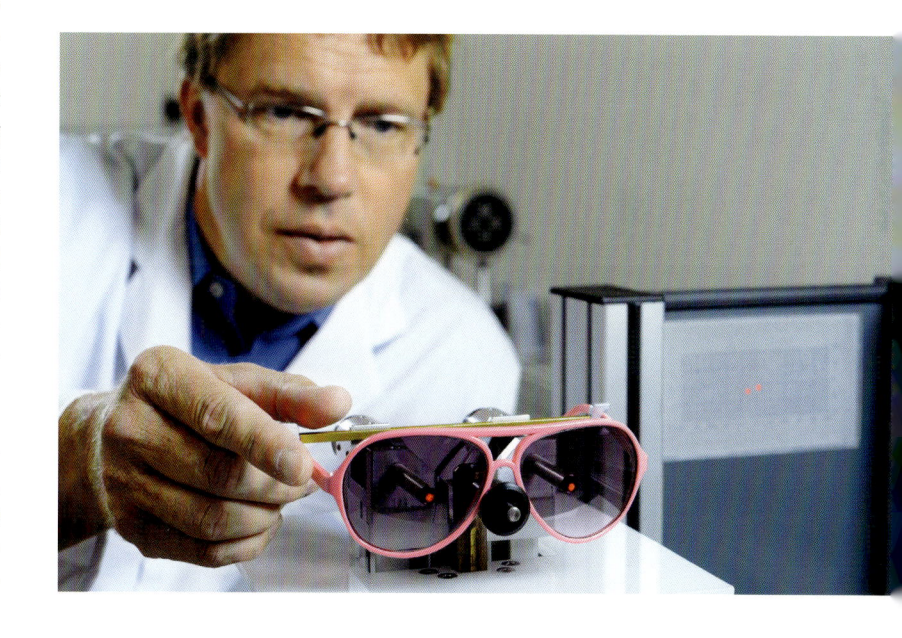

Immer wieder gibt es die Kritik an der Vielzahl von Prüfzeichen, die besonders Verbraucher eher verwirren als zur Orientierung beitragen. TÜV Rheinland hat darauf bereits 2012 reagiert und vergibt heute nur ein eigenes Prüfzeichen (statt früher rund 130). Hinzu kommt ein Prüfzeichen der Tochtermarke LGA, das für bestimmte Produkte vergeben wird, z. B. Spielzeug. Allerdings hat TÜV Rheinland die Akkreditierung (Anerkennung), um verschiedene andere Prüfzeichen zu vergeben, die das Unternehmen nicht selbst entwickelt hat und die zum Teil gesetzlich geregelt sind. Dazu zählt in Deutschland beispielsweise das GS-Zeichen für geprüfte Sicherheit (kein Prüfzeichen von TÜV Rheinland, sondern der Bundesrepublik Deutschland). Kritik am Dschungel der Prüfzeichen sollte sich nicht nur an die Prüfunternehmen richten, sondern auch an eine Vielzahl von Verbänden, die Prüfzeichen entwickeln, und an die Politik. Übrigens: Die CE-Kennzeichnung ist kein Prüfzeichen oder Gütesiegel. CE steht für Communauté Européenne, französisch für Europäische Gemeinschaft, und ist aufgrund von EU-Recht eingeführt worden. Damit erklärt der Hersteller selbst gegenüber Behörden, dass sein Produkt die europäischen Regeln erfüllt, nicht mehr und nicht weniger. Denn es ist Aufgabe der Hersteller von Produkten, die Übereinstimmung ihrer Produkte mit den europäischen Richtlinien zu überprüfen und die Ergebnisse dieser Prüfungen als Dokumentation vorzuhalten.

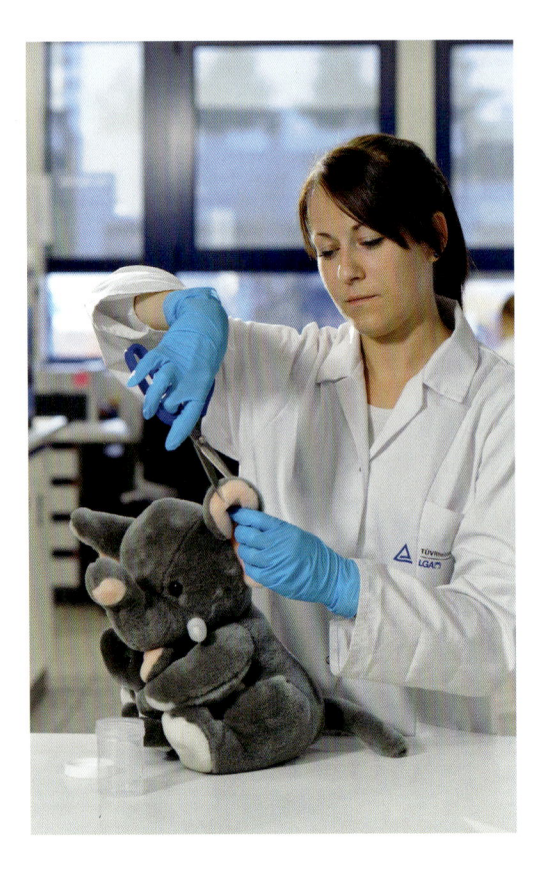

10 Ein Prüfzeichen des TÜV Rheinland garantiert Verbrauchern keine hundertprozentige Sicherheit.

Prüfzeichen von TÜV Rheinland geben zusätzliche Sicherheit, aber können keine hundertprozentige Sicherheit garantieren. Dafür gibt es mehrere naheliegende Gründe. Der wichtigste: Der Hersteller beziehungsweise Verkäufer eines Produktes muss für die Qualität einstehen (er verdient damit ja auch sein Geld). Darüber hinaus gilt: TÜV Rheinland kann in der modernen Massenproduktion selbstverständlich nicht jedes hergestellte Produkt einzeln überprüfen, auch wenn es ein Prüfzeichen von TÜV Rheinland trägt. Es muss sich um eine Prüfung von Stichproben handeln. Bei Autos oder anderen technischen

Anlagen kann die Prüfplakette zudem immer nur eine Stichtagsbetrachtung sein, die für den Tag der Prüfung gilt. Schließlich kann ein Prüfzeichen auch nicht alle Eigenschaften eines Produktes abdecken, sondern nur einzelne Aspekte, beispielsweise die Sicherheit. Das sagt aber (natürlich) wenig über die Qualität oder Lebensdauer aus.

Bei der Güte von Produkten zählt das 5-Punkte-Prinzip:

- Der Hersteller ist zunächst verantwortlich für sein Produkt.
- Das Handelsunternehmen trägt Verantwortung, denn es verkauft das Produkt.
- Die (lokale) Marktaufsicht kontrolliert den Markt und ist dafür verantwortlich, darauf zu achten, dass nur Produkte verkauft werden, die verkauft werden dürfen.
- Das Prüfzeichen eines Prüfunternehmens kann zusätzliche Sicherheit geben. Dabei muss deutlich werden, welche Eigenschaften und Aspekte geprüft wurden. Auch Vergleichstests können hier Orientierung bieten.
- Der Käufer und Verbraucher ist ebenfalls verantwortlich, denn er sollte immer bewusst einkaufen, nicht nur auf den Preis achten, und sich gut beraten lassen.

Jeder Verbraucher sollte beim Einkauf fünf goldene Regeln berücksichtigen:

- Überlegen Sie sich, welche Anforderungen Sie an ein Produkt haben und was Ihnen wichtig ist.
- Kaufen Sie Produkte am besten von Herstellern, die einen guten Ruf (zu verlieren) haben.
- Kaufen Sie bei Quellen, die Sie kennen und bei denen Sie reklamieren können, und lassen Sie sich beraten.
- Achten Sie auf anerkannte Prüfzeichen und Testergebnisse.
- Beschweren Sie sich bei Produktmängeln und schalten Sie bei besonders schweren Sicherheitsmängeln die lokale Marktaufsicht ein (Rathaus), bei Prüfzeichen die jeweilige Prüforganisation (z. B. TÜV Rheinland).

Die Arbeit der Prüfunternehmen:
Wichtige Fachbegriffe von A bis Z

Prüfunternehmen wie TÜV Rheinland sind in ein weltweites System von Kontrollen, Regeln und Überwachung eingebunden, das in den vergangenen 150 Jahren entstanden ist. Dabei gibt es einige wichtige Begrifflichkeiten, die die Tätigkeit der Prüfgesellschaften in Deutschland und weltweit beschreiben – von A wie Akkreditierung bis Z wie Zugelassene Überwachungsstelle.

▶ Akkreditierung

Eine Akkreditierung ist eine Anerkennung. Sie bezieht sich für TÜV Rheinland und andere unabhängige Prüfunternehmen auf die konkrete Anerkennung, Prüfungen durchführen zu können und zu dürfen. Entsprechend ist die Akkreditierung die Lizenz zum Prüfen, die durch staatliche Stellen oder Behörden einzelner Länder erfolgt. Weltweit besitzt TÜV Rheinland über 700 Akkreditierungen, die ständig extern überprüft und erneuert werden (müssen). In Deutschland ist die Akkreditierung eine hoheitliche Aufgabe des Bundes und durch das Akkreditierungsstellengesetz geregelt. Verantwortlich ist hierfür die Deutsche Akkreditierungsstelle in Berlin (www.dakks.de). Die DAkkS ist die nationale deutsche Akkreditierungsstelle. Sie ist konkurrenzlos und eine wichtige Kontrollinstanz für die Unabhängigkeit und Kompetenz von TÜV Rheinland.

Stark vereinfacht geht es bei der Akkreditierung also darum, Prüfunternehmen dahin gehend zu überprüfen, ob sie in der Lage sind, anforderungsgerecht und korrekt zu handeln. Durch diese „Prüfung der Prüfer" wird eine Voraussetzung dafür geschaffen, dass Behörden öffentliche Aufgaben auf Private übertragen können.

Das Vertrauen in Zertifikate, Inspektionen, Prüfungen oder Kalibrierungen hängt von der Kompetenz desjenigen ab, der die Prüfung und Zertifizierung durchführt. Stellen, die wie die TÜV-Unternehmen Konformitätsbewertungen durchführen, müssen ihre Kompetenz gegenüber einer unabhängigen Akkreditierungsstelle nachweisen. Sie müssen zeigen, dass sie ihre Tätigkeiten fachlich kompetent, unter Beachtung gesetzlicher sowie normativer Anforderungen und auf international vergleichbarem Niveau erbringen. Die Vorgehensweise bei der Akkreditierung ist in der internationalen Norm ISO 17011 festgelegt.

▶ Audit

Ein Audit ist eine Überprüfung. Als Audit werden Untersuchungsverfahren bezeichnet, die dazu dienen, Prozesse, bestimmte Abläufe oder Managementsysteme hinsichtlich der Erfüllung von Anforderungen und Richtlinien zu bewerten. Die Audits werden von speziell ausgebildeten Auditoren durchgeführt.

▶ Auditor

Auditoren sind Fachleute, die bestimmte Prüfungen vornehmen können. Auditoren des TÜV Rheinland, die Managementsysteme gemäß international anerkannter Normen wie ISO 9001 prüfen, müssen folgende Anforderungen erfüllen: Sie müssen über eine abgeschlossene Berufsausbildung oder ein Hochschulstudium verfügen. Anschließend haben sie mindestens fünf Jahre Berufstätigkeit nach der Ausbildung beziehungsweise mindestens vier Jahre Berufstätigkeit nach dem Hochschulabschluss vorzuweisen.

Darüber hinaus haben die Auditoren mindestens zwei Jahre davon in dem Managementsystembereich gearbeitet, für den sie die Auditorenzulassung anstreben, also beispielsweise im Qualitäts- oder Umweltmanagement. Erfüllen sie diese Voraussetzungen, müssen sie schließlich erfolgreich eine mehrtägige Ausbildung absolvieren und dann 20 Tage als Trainee mit einem anerkannten Auditor absolvieren. Erst danach erfolgt eine schriftliche Bewertung durch einen erfahrenen Leitauditor.

▶ Aufsichtsorganisationen und Aufsichtsbehörden von TÜV Rheinland

Die Unabhängigkeit und korrekte Arbeitsweise von TÜV Rheinland wird durch vielfältige staatliche Behörden weltweit sowie durch Organisationen kontrolliert, nach deren Standards TÜV Rheinland arbeitet. In Deutschland sind Aufsichtsbehörden für die Arbeit von TÜV Rheinland beispielsweise die Deutsche Akkreditierungsstelle DAkkS, Behörden der Bundesländer oder koordinierend für die Prüfung technischer Anlagen die Zentralstelle der Länder für Sicherheitstechnik ZLS in München. Auch in zahlreichen anderen Staaten unterliegt TÜV Rheinland der Kontrolle durch staatliche Behörden.

▶ Benannte Stelle (Notified Body)

TÜV Rheinland arbeitet in Europa als Benannte Stelle oder Notified Body. So wird ein unabhängiges Prüf- und Zertifizierungsunternehmen bezeichnet, das nach europäischem Recht von einer Behörde für die Durchführung von Prüfungen anerkannt wurde. Eine Reihe von europäischen Richtlinien schreiben vor, dass ein Hersteller eines Produktes oder einer technischen Anlage vor dem Anbringen der erforderlichen Konformitätserklärung mit der CE-Kennzeichnung für seine Produkte eine Konformitätsbewertung von einer Benannten Stelle durchführen lassen muss.

Die Benennung oder auch Notifizierung erfolgt durch die zuständige nationale Behörde des jeweiligen Mitgliedslandes, in dem die Benannte Stelle ihren Sitz hat. EG-Richtlinien, die Prüfungen durch Benannte Stellen vorsehen, beinhalten sicherheits- oder umweltrelevante Aspekte.

▶ CE-Kennzeichnung

CE

Verbraucher finden auf zahlreichen Produkten die sogenannte CE-Kennzeichnung. Dies ist kein Prüfzeichen, sondern eine Eigenerklärung des jeweiligen Herstellers, dass er europäisches Recht einhält. Diese Erklärung gibt er in Form des CE-Zeichens gegenüber der Marktaufsicht und bringt es deshalb auf dem Produkt an. CE steht für die französische Abkürzung des Begriffs für die Europäische Gemeinschaft „Communauté Européenne". Ein Produkthersteller ist durch europäische Richtlinien oder Verordnungen verpflichtet, die Kennzeichnung anzubringen. CE-Kennzeichnungen sind unter anderem für Spielzeug, elektrische Geräte, persönliche Schutzausrüstungen oder Messgeräte vorgeschrieben.

Generell handelt es sich beim CE-Zeichen um eine Selbsterklärung des Herstellers. Die Prüfverfahren – auch Konformitätsbewertung genannt –, die das EU-Recht vorsieht, können je nach Produkt sehr unterschiedlich sein. Auch deshalb bringt die CE-Kennzeichnung im Gegensatz zum deutschen GS-Zeichen für Verbraucher kaum Orientierung und Transparenz. Bei manchen Produkten hat der Gesetzgeber in den EU-Richtlinien die Mitwirkung eines unabhängigen und dafür anerkannten Prüfunternehmens vorgeschrieben. Hierbei handelt es sich beispielsweise um Maschinen oder persönliche Schutzausrüstungen, deren Gefährdungspotenzial vom Gesetzgeber als hoch eingestuft wird. Steht neben dem CE-Zeichen die Ziffer 0197, hat die Produktprüfgesellschaft von TÜV Rheinland die Konformitätsbewertung vorgenommen.

▶ Certipedia

Certipedia, die Zertifikatsdatenbank des TÜV Rheinland, ist unter www.certipedia.com im Internet offen zugänglich. Auf der Website finden sich durch TÜV Rheinland geprüfte Produkteigenschaften, Dienstleistungen, Unternehmen, Systeme und Personalzertifizierungen mit dem dazugehörigen Zertifikat. Der Service steht Herstellern, Einkäufern, Handel und Verbrauchern gleichermaßen offen. Informationen zur Prüfung und zum Zertifikat des TÜV Rheinland sind entweder über einen QR-Code oder über eine individuelle zehnstellige Ziffernfolge abrufbar. Fragen, ob das Prüfzeichen echt ist oder die gemachten Angaben korrekt sind, können somit online in Sekundenschnelle beantwortet werden.

▶ Deutsche Akkreditierungsstelle DAkkS

In Deutschland ist die Anerkennung von qualifizierten Prüfdienstleistern, die sogenannte Akkreditierung, eine hoheitliche Aufgabe des Bundes und durch das Akkreditierungsstellengesetz geregelt. Verantwortlich ist die Deutsche Akkreditierungsstelle in Berlin (www.dakks.de). Die DAkkS ist die nationale deutsche Akkreditierungsstelle. Sie ist konkurrenzlos und eine wichtige Kontrollinstanz für die Unabhängigkeit und Kompetenz von Prüfunternehmen wie TÜV Rheinland.

▶ Fliegende Bauten

Fliegende Bauten sind Bauwerke, die mehrmals aufgebaut und wieder abgebaut werden können und sollen. Ein anderer Begriff hierfür ist temporäre Bauten. Dazu zählen beispielsweise Bühnenkonstruktionen, aber ebenso eine Vielzahl von Zelten und Fahrgeschäften, die bei großen Volksfesten zum Einsatz kommen. Auch für diese Bauten gelten Vorschriften, was die Sicherheit angeht. TÜV Rheinland prüft solche temporären Bauwerke.

Prüfung der Statik von Bühnenkonstruktionen

▶ Führerscheinprüfung

Mit dem kaiserlichen „Gesetz über den Verkehr mit Kraftfahrzeugen vom 3. Mai 1909" schlug die Geburtsstunde des amtlichen Führerscheins. Heute wird die theoretische Prüfung bei TÜV Rheinland und den anderen Prüforganisationen am Computer abgelegt und – gleich, ob Motorrad, Pkw, Lkw oder Bus – in elf Fremdsprachen angeboten. Besteht der Prüfling nach der theoretischen auch die praktische Prüfung, erhält er eine gültige EU-Fahrerlaubnis. Mit der Theorieprüfung am PC sollen insbesondere junge Fahranfänger noch besser auf das reale Verkehrsgeschehen vorbereitet werden und somit ein weiterer Beitrag zur Senkung des Unfallrisikos in dieser Altersgruppe geleistet werden. Die Bewerber können sich mit dem Ablauf der Prüfung vertraut machen, indem sie sich beispielsweise auf der Internetseite www.tuv.com/fuehrerscheinpruefung eine Musterprüfung anschauen.

Die Führerscheinprüfungen werden im Auftrag der Bundesländer auf Basis des Kraftfahrtsachverständigengesetzes von Mitarbeitern des TÜV Rheinland durchgeführt. Eine Kopplung zwischen den fachlich, disziplinarisch und wirtschaftlich verantwortlichen Personen besteht bei allen Prüforganisationen in Deutschland nicht mehr. Die disziplinarische und die wirtschaftliche Verantwortung liegt allein in der jeweiligen Region vor Ort, die fachliche Verantwortung liegt dagegen bei der Leitung des gesamten Bereichs für ein gesamtes Bundesland, wobei dem Kompetenzzentrum der Hauptverwaltung von TÜV Rheinland in Köln eine koordinierende Funktion zukommt. Im Rahmen der Anerkennung, die nach der Fahrerlaubnisverordnung vorgeschrieben ist, werden alle Organisationen, die Führerscheinprüfungen durchführen, jährlich von der Bundesanstalt für Straßenwesen (BASt) begutachtet, einer nachgeordneten Behörde des Bundesverkehrsministeriums.

▶ GS-Zeichen für Produkte

Das deutsche GS-Zeichen ist ein freiwilliges Sicherheitszeichen, das über die Grenzen Deutschlands hinaus Beachtung findet. Das GS-Zeichen ist zwar kein allgemeines Qualitätssiegel, hat aber positive Auswirkungen auf die Produktsicherheit: Jedes Jahr werden in Deutschland für rund 50.000 Produkte GS-Zeichen beantragt, wobei die Hälfte der Produkte erst in Sachen Sicherheit nachgebessert werden muss, bevor das GS-Zeichen erteilt werden kann. Das GS-Zeichen von TÜV Rheinland tragen aktuell über 15.000 Produkte weltweit.

Im Bereich des Verbraucher- und Arbeitsschutzes soll das GS-Zeichen gewährleisten, dass die sicherheitstechnischen Anforderungen an ein Produkt erfüllt sind und durch ein unabhängiges Prüfunternehmen wie TÜV Rheinland kontrolliert werden. Dazu zählt auch die regelmäßige Überwachung. Die Vergabe des GS-Zeichens ist im Produktsicherheitsgesetz geregelt und auf maximal fünf Jahre befristet.

Ansonsten erlischt es bei einer Änderung des geprüften Produktes. Geprüft werden müssen sämtliche Auswirkungen des Produktes auf die Gesundheit und Sicherheit des Menschen. Das ist von Produkt zu Produkt selbstverständlich sehr unterschiedlich.

Aus den sehr allgemeinen Vorgaben ergibt sich im Einzelnen der Prüfumfang. TÜV Rheinland hat als eines von über 60 Prüfunternehmen in Deutschland die Zulassung von der Zentralstelle der Länder für Sicherheitstechnik bekommen und darf für das GS-Zeichen Zertifikate ausstellen. Um das GS-Zeichen anbringen zu dürfen, muss der Hersteller sein Produkt von einer zugelassenen Prüfstelle einer sogenannten Baumusterprüfung unterziehen.

Die Prüfungen führt TÜV Rheinland in einem seiner Produktprüflabore weltweit durch. Zur Aufrechterhaltung des Zertifikates führt TÜV Rheinland dann ferner Kontrollmaßnahmen wie zum Beispiel die Überwachung der Fertigungsstätte durch.

▶ Hauptuntersuchung von Fahrzeugen

Die regelmäßige technische Untersuchung von Kraftfahrzeugen soll die Verkehrssicherheit und den Umweltschutz gewährleisten. Jeder Fahrzeughalter muss sein Auto in regelmäßigen, gesetzlich festgelegten Zeitabständen zur Hauptuntersuchung (HU) vorführen. Autos müssen in der Regel alle zwei Jahre zur HU, ein neues Fahrzeug erstmalig nach drei Jahren. Den rechtlichen Rahmen für diese wiederkehrende Untersuchung bildet die Straßenverkehrs-Zulassungs-Ordnung.

TÜV Rheinland übernimmt diese Aufgabe wie andere Prüfunternehmen auch und sorgt somit für eine Entlastung des Staates im Bereich der technischen Sicherheit von Fahrzeugen. Anfang der 90er-Jahre fiel das Monopol zur Fahrzeugkontrolle. Seitdem bieten verschiedene Prüfgesellschaften Fahrzeugüberwachungen nach den gesetzlichen Vorgaben an. Dabei unterliegen die Prüfgesellschaften einer strengen staatlichen Kontrolle, die sicherstellt, dass die Unabhängigkeit und Kompetenz der Untersuchungen gewährleistet ist.

TÜV Rheinland führt die Fahrzeuguntersuchungen übrigens keineswegs nur im Rheinland durch, sondern in ganz Deutschland an zahlreichen Prüfstellen und auch in verschiedenen anderen Ländern – weltweit 8,5 Millionen Fahrzeuguntersuchungen jährlich. Alle 140 Servicestationen von TÜV Rheinland in Deutschland sind zu finden unter www.tuv.com/hu im Internet.

▶ Konformitätsbewertung

Konformität heißt Übereinstimmung. Bei der Konformitätsbewertung wird festgestellt, dass eine Übereinstimmung mit festgelegten Anforderungen besteht, beispielsweise ob spezifische Anforderungen an ein Produkt, ein Verfahren oder einen Prozess, eine Dienstleistung, ein System oder eine Person erfüllt sind. Bekannte Prüfzeichen für die Konformität bei Produkten sind für die Sicherheit das deutsche GS-Zeichen, aber auch das Prüfzeichen von TÜV Rheinland. TÜV Rheinland führt Konformitätsbewertungen auf vielfältige Weise durch. Dafür hat das Unternehmen eine staatliche Anerkennung, die sogenannte Akkreditierung.

Aus dem Wirtschaftsleben ist die Konformitätsbewertung nicht wegzudenken, ebenso wie weltweite Normen und Standards. Die Einhaltung solcher Vorschriften, Standards und Normen objektiv zu bestätigen ist Aufgabe der Konformitätsbewertung. Dabei gewinnen wiederum objektive Prüfungen und Messungen, Inspektionen oder Zertifizierungen, die auch wirklich vergleichbar sind, im weltweiten Warenverkehr an Bedeutung. Denn Qualität und Sicherheit sollen verlässlich sein und einem technischen Mindestniveau entsprechen.

▶ Normen

Eine Norm ist eine standardisierte Regel, die einen Katalog von Anforderungen enthält. Diese Anforderungen können sich auf Produkte oder Prozesse beziehen. Die Standardisierung führt die Wünsche und Vorschläge verschiedener Institutionen wie Hersteller, Verbraucherverbände, Forschungseinrichtungen, Prüf- und Zertifizierungsstellen zu einem allgemein anerkannten Werk zusammen. Normen sind keine Gesetze. Wer will, kann Papier produzieren, das von einer Norm wie DIN A4 abweicht. Aber ohne solche Normen (oder Standards) wäre der heutige Warenverkehr undenkbar, da jedes Produkt nach individuellen Maßstäben gestaltet wäre und dann auch überprüft werden müsste. Normen schaffen also Vergleichbarkeit. Sie existieren auf verschiedenen Ebenen mit unterschiedlichen Reichweiten:

- nationale Standards, wie etwa die Standards des DIN (Deutsches Institut für Normung) in Deutschland,
- europäische Standards, etwa die EN-Standards in der Europäischen Union,
- internationale Standards wie die IEC- und ISO-Normen, die von einer Vielzahl von Nationen auf der ganzen Welt anerkannt werden.

Jede Norm hat einen Geltungsbereich. Er beschreibt das Umfeld oder den Anwendungszweck der Norm. Daher unterliegen viele Produkte mehreren Normen. Für eine Kaffeemaschine beispielsweise gelten sowohl Normen für die Sicherheit als auch die elektromagnetische Verträglichkeit sowie die Hygiene. Da die Normen für Vergleichbarkeit sorgen, bilden sie die Grundlage aller Prüfungen, die TÜV Rheinland vornimmt. Sie machen die Prüfergebnisse sofort verständlich. Darüber hinaus werden weitere Prüfungen einzelner Kriterien vorgenommen.

Normen sorgen unter anderem für einen wirksamen Schutz vor Personen- und Sachschäden beim Umgang mit Produkten. So muss beispielsweise eine Großpresse so konstruiert sein, dass der Bediener beide Hände braucht, um sie zu aktivieren. Dadurch kann er seine Hände nicht in den Gefahrenbereich bringen. Ein anderes typisches Beispiel ist die elektromagnetische Verträglichkeit elektrischer und elektronischer Geräte, die durch entsprechende Normen geregelt wird. Nur deshalb stören sich Radio- und Fernsehgerät, Mikrowelle und Rasierer nicht gegenseitig.

Normen für Prozesse fordern im Allgemeinen bestimmte Aktivitäten oder Resultate. Das Ziel ist, die Wirksamkeit eines Prozesses sicherzustellen. So fordert zum Beispiel die Qualitätsmanagement-Norm ISO 9001 vom Hersteller, dass er die Kundenzufriedenheit feststellt und verbessert. Und im Sinne eines effizienten Betriebs fordern praktisch alle Managementnormen, dass Zuständigkeiten exakt definiert und dokumentiert sind. Die bekanntesten Normen für Managementsysteme sind ISO 9000 für Qualitätsmanagement, ISO 14001 für Umweltmanagement oder OHSAS 18001 für Arbeitsschutzmanagement.

▶ Prüfzeichen von TÜV Rheinland

TÜV Rheinland vergibt in verschiedenen Bereichen seiner Prüftätigkeit auch Prüfzeichen, nachdem das Ergebnis der Kontrollen positiv war. Das gilt in der Produktprüfung, bei einigen Prüfungen technischer Anlagen – wie Aufzüge, Rolltreppen oder Fahrgeschäfte – sowie der Zertifizierung von Managementsystemen. Dabei vergibt TÜV Rheinland entweder das eigene einheitliche Prüfzeichen, in der Produktprüfung zusätzlich das Prüfzeichen der 150 Jahre alten Traditionsmarke LGA, die auch zu TÜV Rheinland gehört, oder weitere Prüfzeichen, die nicht von TÜV Rheinland stammen, die der Prüfdienstleister jedoch vergeben darf. Dazu zählt beispielsweise das GS-Zeichen für geprüfte Sicherheit von Produkten in Deutschland.

Das Prüfzeichen von TÜV Rheinland hat eine einheitliche Gestaltung und klar geregelte Inhalte, die für größtmögliche Transparenz bei Verbrauchern sorgen sollen: Über einheitliche Schlüsselbegriffe wie „Sicherheit" oder „Qualitätsmanagement" soll deutlich werden, was geprüft wurde. Dazu kommt ein QR-Code, der mit einer Datenbank verknüpft ist, in der weiter gehende Informationen zum Prüfumfang hinterlegt sind. Drittens verfügt das Prüfzeichen über eine Nummer, über die der Prüfinhalt ebenfalls im Internet unter www.tuv.com abgerufen werden kann. Dies dient auch dazu, das Prüfzeichen von TÜV Rheinland möglichst fälschungssicher zu gestalten, denn stets ist frei zugänglich für jeden Verbraucher im Internet abrufbar, ob ein Prüfzeichen tatsächlich vergeben wurde (oder nicht).

▶ Prüfzeichenfälschung und Prüfzeichenmissbrauch

Die Vergabe des Prüfzeichens von TÜV Rheinland ist durch interne und externe Vorgaben sehr genau geregelt, gleichzeitig genießt es ein hohes Ansehen. Aus diesem Grund und um Verbraucher sowie korrekt arbeitende Unternehmen zu schützen, geht TÜV Rheinland konsequent gegen die falsche Verwendung des eigenen Prüfzeichens vor, sei es Missbrauch oder auch Fälschung. TÜV Rheinland arbeitet hierzu mit den europäischen Zollbehörden zusammen und betreibt eine eigene Marktbeobachtung.

Für Prüfzeichenmissbrauch und falsche Zertifikate führt TÜV Rheinland im Internet unter www.tuv.com/de/schwarze-liste eine öffentlich zugängliche Liste, die ständig aktualisiert wird. Als einziges Unternehmen der Branche hat TÜV Rheinland 2010 einen Beschlagnahmeantrag beim deutschen Zoll gestellt, schult die Beamten entsprechend und bezahlt die notwendigen Grenzkontrollen. Mit Erfolg: Regelmäßig ziehen die Beamten Produkte mit gefälschten Prüfzeichen aus dem Verkehr und zerstören diese im Extremfall. Auch die Besichtigungen von Fertigungsstätten bei Herstellern auf der ganzen Welt sowie die enge Zusammenarbeit mit internationalen Polizeibehörden wie beispielsweise Europol dienen dem Kampf von TÜV Rheinland gegen Prüfzeichenmissbrauch.

Generell gilt: Wenn ein Produkt mit Prüfzeichen von TÜV Rheinland offenkundig minderwertig verarbeitet ist, beispielsweise scharfe Ecken und Kanten hat oder sogar blanke Elektrodrähte zum Vorschein kommen, dann Finger weg. Hier ist ein Zeichenmissbrauch wahrscheinlich. Gleiches gilt, wenn auf der Verpackung die Hinweise zum Importeur oder Hersteller fehlen und Aufschriften sowie Warnhinweise nicht in deutscher Sprache vorliegen. Dann sollte man unverzüglich den zuständigen Ämtern wie der Gewerbeaufsicht der Stadt oder Gemeinde einen

Hinweis geben. Findet sich ein Prüfzeichen von TÜV Rheinland an Verpackung oder Produkt und liegt ein Verdacht vor, nimmt TÜV Rheinland Hinweise gern entgegen.

▶ Sachverständige

Es gibt für unterschiedliche Aufgaben und rechtlich geregelt verschiedene Profile von Sachverständigen. Im Bereich der Kraftfahrzeugüberwachung und der Führerscheinprüfung dürfen für die Tätigkeiten der amtlich anerkannten Überwachungsinstitutionen, zu denen TÜV Rheinland zählt, nur amtlich anerkannte Sachverständige beziehungsweise Prüfingenieure eingesetzt werden. Diese nehmen Fahrzeuguntersuchungen ebenso vor wie Führerscheinprüfungen ab. Im Kraftfahrsachverständigengesetz sind für diese Mitarbeiter bestimmte Qualifikationen zwingend vorgeschrieben. Dazu zählt ein erfolgreich abgeschlossenes Studium des Maschinenbaus, der Kraftfahrzeugtechnik oder der Elektrotechnik. Nach der Hochschul- oder Fachhochschulausbildung erfolgt bei TÜV Rheinland eine mehrmonatige Ausbildung zum Sachverständigen, die mit einer Prüfung vor der jeweils zuständigen Behörde des Bundeslandes abgeschlossen wird.

In anderen Bereichen sind die Fachleute von TÜV Rheinland in der Regel über die persönlichen Befähigungen, Befugnisse und die Beschäftigung bei TÜV Rheinland als akkreditierte Prüforganisation legitimiert, bestimmte Kontrollen durchzuführen. Daneben gibt es in einigen Fachgebieten Sachverständige, die durch die persönliche Berufung – beispielsweise durch eine Behörde – für die Wahrnehmung besonderer Prüftätigkeiten legitimiert sind. Als anerkannte Sachverständige in ihrem Fachgebiet haben sie eine spezielle Qualifikation mit langjähriger Berufserfahrung nachgewiesen und müssen objektiv, unparteilich und unabhängig arbeiten. Diese Experten werden häufig von Behörden für die Beurteilung komplizierter technischer Sachverhalte, anspruchsvoller technischer Prüfungen oder zur Erstellung spezieller Gutachten hinzugezogen und unterstützen mit ihrem Know-how öffentliche Aufgabenträger. Beispiele hierfür sind unter anderem die von der zuständigen Behörde bestimmten Sachverständigen nach Röntgen- und Strahlenschutzrecht oder die bekannt gegebenen Sachverständigen, die unter anderem im Bereich der chemischen Industrie wichtige Arbeit leisten.

Darüber hinaus gibt es öffentlich bestellte und vereidigte Sachverständige für verschiedene Arbeitsgebiete, wie zum Beispiel im Brandschutz für Immobilien. Sie genießen bei Gerichten und privaten Auftraggebern aufgrund ihrer nachgewiesenen Kompetenz und Unabhängigkeit ein hohes Maß an Vertrauen. Diese Sachverständigen leisten einen Eid auf ihre Objektivität und Unparteilichkeit und erstellen beispielsweise Gutachten in Gerichtsverfahren. Die Bestellung erfolgt für einen befristeten Zeitraum durch Kammern oder das Regierungspräsidium in einem Bundesland.

▶ Sicherheit technischer Anlagen

Technische Anlagen müssen in Deutschland so betrieben werden, dass sie für Mensch und Umwelt keine Gefahr darstellen. Bei einem hohen Gefahrenpotenzial spricht man von sogenannten „überwachungsbedürftigen Anlagen". Dabei handelt es sich beispielsweise um Aufzugsanlagen, Tankstellen, Chemieanlagen, Dampf- und Druckkessel oder Lageranlagen. Sie müssen regelmäßig von einer Zugelassenen Überwachungsstelle (ZÜS) wie TÜV Rheinland geprüft werden. Im Vordergrund stehen dabei der Schutz der Beschäftigten, der Schutz anderer Personen und der Umwelt. Die Prüfungen müssen höchsten Standards entsprechen. So darf das Prüfergebnis nicht von wirtschaftlichen Interessen der Arbeitgeber, Betreiber oder Errichter einer Anlage abhängen. Deshalb muss die Unabhängigkeit des TÜV Rheinland oder anderer Prüfunternehmen von den beauftragenden Unternehmen gewährleistet sein. Diese Unabhängigkeit, die Qualität der Prüfungen und die Fähigkeit von TÜV Rheinland werden deshalb von staatlichen Behörden überwacht.

▶ **TÜV**

Die Marke TÜV hat einen sehr hohen Bekanntheitsgrad, jeder in Deutschland kennt sie. Sie ist das Kennzeichen der TÜV-Prüfgesellschaften, von denen TÜV Rheinland eine der größten ist. Früher stand TÜV als Abkürzung für Technischer Überwachungsverein. Die TÜV-Gesellschaften teilen sich derzeit in sechs Unternehmen auf, die im Wettbewerb miteinander stehen. „Den" TÜV gibt es demnach nicht. Aus den ursprünglichen Vereinen entstanden im Verlauf der Zeit und der technischen Entwicklungen international tätige Prüfunternehmen mit weltweiten Tochtergesellschaften. So ist TÜV Rheinland in 66 Ländern weltweit mit eigenen Gesellschaften vertreten. Auch in Deutschland ist TÜV Rheinland flächendeckend tätig.

Der Begriff TÜV wird umgangssprachlich sehr häufig auch in Zusammenhängen genutzt, die nichts mit einem der TÜV-Unternehmen oder deren Tätigkeit zu tun haben. Dazu zählen der Pflege-TÜV, der Eisenbahn-TÜV oder der Kanal-TÜV. Ein anderes Beispiel: Wer den Begriff Politiker-TÜV in eine Internetsuchmaschine eingibt, erhält mehr als 1.000 Treffer. Dieser allgemeine Sprachgebrauch führt zu einer Unschärfe, was die wirkliche Tätigkeit des TÜV Rheinland oder anderer TÜV-Unternehmen angeht, die immer wieder auch zu Missverständnissen führt.

▶ **Zentralstelle der Länder für Sicherheitstechnik (ZLS)**

Die ZLS ist eine wichtige Aufsichtsbehörde für TÜV Rheinland. Sie ist zuständig für die

Erteilung der Befugnis für Prüfstellen, die das deutsche GS-Zeichen vergeben dürfen, die die Sicherheit von Produkten, Geräten, Maschinen und Anlagen überprüfen dürfen und können, sowie für Stellen, die nach dem europäischen Gemeinschaftsrecht als Benannte Stellen vorgeschriebene Konformitätsbewertungsaufgaben vornehmen. Informationen unter www.zls-muenchen.de im Internet.

▶ Zertifizierung

Die Zertifizierung ist eine Bestätigung durch eine unabhängige Stelle wie beispielsweise TÜV Rheinland. Mit einem Zertifikat für ein Produkt, das ein GS-Zeichen erhält, bestätigt TÜV Rheinland dem Hersteller beispielsweise, dass sein Produkt in Übereinstimmung mit den Regelungen des GS-Zeichens geprüft wurde und die Anforderungen erfüllt. Entsprechendes gilt beispielsweise bei einem Zertifikat über ein Qualitätsmanagement nach ISO 9000 oder Ähnlichem. Das Wort „zertifiziert" auf dem Prüfzeichen von TÜV Rheinland macht für jedermann deutlich, dass ein Zertifikat ausgestellt wurde. Das heißt: Die vorgenommene Prüfung wurde durch eine weitere Stelle überprüft und dann entsprechend zertifiziert. Hierzu besteht intern eine strikte Arbeitsteilung bei TÜV Rheinland. Anders ist dies bei der Bewertung oder einer einzelnen Prüfung, die TÜV Rheinland vornimmt und bei der kein Zertifikat erteilt wird. Dann steht auf dem Prüfzeichen „geprüft". Alle geltenden Zertifikate finden sich zur Kontrolle unter www.tuv.com und www.certipedia.com abrufbar im Internet.

▶ Zugelassene Überwachungsstelle (ZÜS)

TÜV Rheinland zählt zu den Zugelassenen Überwachungsstellen (ZÜS) in Deutschland, die von der Zentralstelle der Länder für Sicherheitstechnik anerkannt sind, um verschiedene gefährliche Anlagen prüfen zu dürfen. Die ZÜS führen seit 2006 die technischen Prüfungen durch, die bis dahin von amtlich anerkannten Sachverständigen der Überwachungsorganisationen durchgeführt wurden. Damit einher ging also der Wechsel vom personengebundenen Prüfwesen (Sachverständige) in Deutschland zum organisationsbezogenen Prüfwesen. Die rechtlichen Grundlagen hierfür sind im Produktsicherheitsgesetz enthalten. Zugelassene Überwachungsstellen führen auf Basis der Betriebssicherheitsverordnung vorgeschriebene und behördlich angeordnete Prüfungen an überwachungsbedürftigen Anlagen durch. Zu diesen gefährlichen Anlagen zählen beispielsweise Tankanlagen und Tankstellen, Aufzugsanlagen oder Druckgeräte in Industrieanlagen. Bevor Zugelassene Überwachungsstellen tätig sein dürfen, muss deren Kompetenz und Eignung in einem Anerkennungsverfahren durch die Zentralstelle der Länder für Sicherheitstechnik in mindestens einem Bereich nachgewiesen werden. Für jedes Bundesland, in dem diese Zugelassenen Überwachungsstellen tätig sein wollen, müssen sie von den jeweiligen Behörden des Landes benannt werden. Eine Liste aller ZÜS findet sich unter www.baua.de im Internet.

Fahrzeug- und Führerscheinprüfungen

In Deutschland rollen Jahr für Jahr rund 2,6 Millionen Kraftfahrzeuge zur Hauptuntersuchung bei TÜV Rheinland. Insgesamt betreibt TÜV Rheinland über 140 Servicestationen in Bayern, Berlin, Brandenburg, Nordrhein-Westfalen, Rheinland-Pfalz sowie im Saarland, an denen Fahrzeuguntersuchungen vorgenommen werden können. Neben dem Kfz-Prüfgeschäft und der Bahntechnik verantwortet der Bereich Mobilität bei TÜV Rheinland auch die Führerscheinprüfung mit über 250.000 Prüfungen im Jahr.

Führerscheinprüfung und Fahrzeuguntersuchungen sind in Deutschland genau geregelt. Die Tätigkeit des TÜV Rheinland ist streng reglementiert und wird durch die staatlichen Aufsichtsbehörden kontrolliert, um die Qualität und die Unabhängigkeit der vorgenommenen Prüfungen zu gewährleisten.

Qualifikation und Kontrolle der Sachverständigen

Grundsätzlich dürfen für die Tätigkeiten der Technischen Prüfstellen und der amtlich anerkannten Überwachungsorganisationen, zu denen TÜV Rheinland zählt, nur Sachverständige beziehungsweise Prüfingenieure eingesetzt werden. Diese nehmen Fahrzeuguntersuchungen ebenso vor wie Führerscheinprüfungen ab. Im sogenannten Kraftfahrtsachverständigengesetz sind für diese Mitarbeiter bestimmte Qualifikationen zwingend vorgeschrieben. Dazu zählt ein erfolgreich abgeschlossenes Studium des Maschinenbaus, der Kraftfahrzeugtechnik oder der Elektrotechnik. Nach der Hochschulausbildung erfolgt bei TÜV Rheinland eine 18-monatige Ausbildung zum Sachverständigen, die mit einer Prüfung vor der jeweils zuständigen Behörde des Bundeslandes abgeschlossen wird.

Im Rahmen ihrer Tätigkeit werden die Sachverständigen regelmäßig durch den Arbeitgeber mit offenen und verdeckten Tests geprüft. Auch die Aufsichtsbehörde führt verdeckte Tests zur Qualitätssicherung durch. Des Weiteren haben sich alle Prüforganisationen in einem Verein für Qualitätsmanagement zusammengeschlossen, in dem die Tätigkeit aller Mitarbeiter nach festgelegten Regeln kontinuierlich überprüft wird. Auf Grundlage all dieser Maßnahmen wird dann zusätzlich durch die Verantwortlichen bei TÜV Rheinland einmal jährlich ein Qualitätsreport erstellt, der den Aufsichtsbehörden vorgelegt wird.

Die Hauptuntersuchung von Fahrzeugen wird stetig an den Stand der Technik angepasst.

Eine weitere Anforderung an die Sachverständigen ist ihre charakterliche Eignung. Aus diesem Grunde werden alle Sachverständigen speziell erfasst und z. B. bei Verkehrsvergehen durch die Genehmigungsbehörde des Bundeslandes über die zu erwartende Strafe hinaus disziplinarisch gemaßregelt.

Führerscheinprüfungen bei TÜV Rheinland

Mit dem kaiserlichen „Gesetz über den Verkehr mit Kraftfahrzeugen vom 3. Mai 1909" schlug die Geburtsstunde des amtlichen Führerscheins. Diese rechtsverbindliche Regelung für ganz Deutschland löste die Ausweisflut der Königreiche, Herzog- und Fürstentümer im Deutschen Reich ab. Darin hieß es: „Wer auf öffentlichen Straßen oder Plätzen ein Kraftfahrzeug führen will, bedarf der Erlaubnis der zuständigen Behörde. Die Erlaubnis gilt für das gesamte Reich; sie ist zu erteilen, wenn der Nachsuchende seine Befähigung durch eine Prüfung dargetan hat und nicht Tatsachen vorliegen, die die Annahme rechtfertigen, dass er zum Führen von Kraftfahrzeugen ungeeignet ist. Den Nachweis der Erlaubnis hat der Führer durch eine Bescheinigung (Führerschein) zu erbringen."

Seit den 1990er-Jahren befassen sich verschiedene Gremien und Institutionen mit der Optimierung der Führerscheinprüfung, um die Unfallhäufigkeit bei Fahranfängern zu reduzieren. Mit der Bearbeitung und Umsetzung wurde eine Arbeitsgemeinschaft der technischen Überwachungsorganisationen beauftragt. Eines der Hauptergebnisse: Der früher verwendete Fragebogen wurde bei der theoretischen Prüfung durch eine Prüfung am Computer abgelöst. Das von TÜV Rheinland entwickelte Hardware-Konzept bietet größtmögliche Sicherheit im Hinblick auf Datenschutz, Datensicherheit sowie auch bezüglich der allgemeinen Betriebssicherheit.

Wie funktioniert die theoretische Führerscheinprüfung am PC?

Das Prüfungsverfahren am Computer gilt für alle Klassen – gleich, ob Motorrad, Pkw, Lkw oder Bus – und wird in elf gesetzlich festgelegten Fremdsprachen angeboten. Besteht der Prüfling nach der theoretischen auch die praktische Prüfung, erhält er eine gültige EU-Fahrerlaubnis.

Mit der Theorieprüfung am PC sollen insbesondere junge Fahranfänger noch besser auf das reale Verkehrsgeschehen vorbereitet werden und somit ein weiterer Beitrag zur Senkung des Unfallrisikos in dieser Altersgruppe geleistet werden. Die Bewerber können sich mit dem Ablauf der Prüfung vertraut machen, indem sie sich beispielsweise eine Musterprüfung auf der Internetseite des TÜV Rheinland unter www.tuv.com/fuehrerscheinpruefung anschauen.

Die Reihenfolge der Fragen und Antworten bestimmt das Programm. Der Teilnehmer muss sich bereits in der Vorbereitungsphase intensiver mit den Verkehrsregeln befassen als früher, sie wirklich verstehen und begreifen. Ein rein fotografisches Gedächtnis hilft nicht weiter. Der Prüfling wird nacheinander jeweils nur mit einer Frage konfrontiert, was die Konzentration auf die einzelne Frage erhöht. Der Fragenpool lässt sich im Falle von Gesetzesänderungen einfacher aktualisieren und das System bietet mehr Möglichkeiten für eine Weiterentwicklung der theoretischen Führerscheinprüfung.

Ein weiterer Vorteil: Der Kandidat kann keine Fragen mehr übersehen, denn er wird vor der Abgabe an nicht beantwortete Aufgaben erinnert. Und: Nach Abschluss der Prüfung erhält der Bewerber sofort das Ergebnisprotokoll mit einer Auswertung nach Themengebieten. Das ermöglicht auch das gezielte Lernen für den Fall einer Wiederholungsprüfung.

Kontrolle der Prüforganisationen

Die Führerscheinprüfungen werden im Auftrag der Bundesländer auf Basis der einschlägigen Gesetze von Mitarbeitern des TÜV Rheinland durchgeführt. Eine Kopplung zwischen den fachlich, disziplinarisch und wirtschaftlich verantwortlichen Personen besteht bei allen Prüforganisationen in Deutschland nicht mehr. Die disziplinarische und die wirtschaftliche Verantwortung liegt allein in der jeweiligen Region, die fachliche Verantwortung liegt dagegen bei der Leitung des gesamten Bereichs für ein gesamtes Bundesland, wobei dem Kompetenzzentrum der Hauptverwaltung von TÜV Rheinland in Köln eine koordinierende Funktion zukommt.

Im Rahmen der Anerkennung, die nach der Fahrerlaubnisverordnung vorgeschrieben ist, werden alle Organisationen, die Führerscheinprüfungen durchführen, jährlich von der Bundesanstalt für Straßenwesen (BASt) begutachtet. Die BASt ist eine dem Bundesverkehrsministerium nachgeordnete Behörde. Hinzu kommen interne Prüfungen, die in allen Regionen von den Qualitätsmanagementbeauftragten des TÜV Rheinland durchgeführt werden. Dadurch wird innerhalb von drei Jahren jeder Prüfer mindestens einen halben Tag bei der Durchführung von Führerscheinprüfungen begutachtet und begleitet. Schließlich muss jeder Führerscheinprüfer per Gesetz fünf Tage Weiterbildung pro Jahr nachweisen. Aktuelle Fachinformationen werden regelmäßig an die Mitarbeiter weitergegeben – sowohl hausintern als auch über eine zentrale Stelle für alle technischen Prüforganisationen.

Jenseits der internen und externen Qualitätskontrollen ist TÜV Rheinland mittels seiner fachlichen Koordinierungsstelle in einen gesetzlich vorgeschriebenen, bundesweit organisierten Erfahrungsaustausch eingebunden, an dem alle technischen Prüforganisationen in Deutschland, das Bundesverkehrsministerium, die Bundesländer sowie die Bundesvereinigung der Fahrlehrerverbände teilnehmen.

Kraftfahrzeugprüfung bei TÜV Rheinland in Deutschland

Die für Kraftfahrzeuge in Deutschland gesetzlich vorgeschriebene technische Überprüfung ist ebenso wie die Führerscheinprüfung streng reglementiert und wird genau überwacht. Im Auftrag der einzelnen Bundesländer werden bei den amtlich anerkannten Überwachungsorganisationen, zu denen TÜV Rheinland gehört, die wiederkehrenden Prüfungen sowie die Begutachtungen von Fahrzeugänderungen durch die Prüfingenieure auf Basis des Gesetzes für Kraftfahrtsachverständige durchgeführt. Die amtliche Anerkennung zur Errichtung und Unterhaltung der Technischen Prüfstelle in den Bundesländern Nordrhein-Westfalen, Rheinland-Pfalz und Berlin liegt beim TÜV Rheinland Berlin Brandenburg Pfalz e.V. Dieser Verein wiederum hat die beiden Gesellschaften TÜV Rheinland Kraftfahrt sowie TÜV Pfalz Verkehrswesen mit der Wahrnehmung der Aufgaben beauftragt.

Im Auftrag der einzelnen Bundesländer werden in den Technischen Prüfstellen, von denen TÜV Rheinland in Deutschland rund 140 stationär betreibt, die vorgeschriebenen, wiederkehrenden Prüfungen sowie die Begutachtungen von Fahrzeugänderungen durch die Sachverständigen auf Basis des Kraftfahrsachverständigengesetzes durchgeführt. Die wiederkehrenden Prüfungen sind als Hauptuntersuchung bekannt.

Die Aufsicht über die Technischen Prüfstellen liegt bei den jeweiligen Landesministerien. Der einzelne Sachverständige ist fachlich nur dem Leiter der Technischen Prüfstelle sowie den Weisungen der Aufsichtsbehörde unterstellt. Qualitätsüberprüfungen finden mit internen Kontrollen von TÜV Rheinland ebenso wie mit Prüfungen der Aufsichtsbehörden verdeckt und offen statt – analog zur Kontrolle der Qualität bei den Führerscheinprüfungen.

Hauptuntersuchung bei Autos

Jedes Jahr rollen bei TÜV Rheinland bundesweit rund 2,6 Millionen Kraftfahrzeuge zur Hauptuntersuchung (HU). Die Hauptuntersuchung dient dazu, die technische Sicherheit der Fahrzeuge und den Umweltschutz zu gewährleisten. Überprüft werden unter anderem die Beleuchtungsanlage, Fahrwerk mit Rädern, Reifen und Bremsanlage, Motorraum, Innenraum, Scheiben und Wisch-Wasch-Anlage, Sicherheitsgurte und die weitere Sicherheitsausstattung sowie Auspuff- und Abgasanlage.

Seit dem 1. Juli 2012 gelten zudem einige Änderungen: Für alle Autos gibt es nach der Untersuchung einen genauen Prüfbericht, in dem jeder einzelne Mangel als erheblicher oder leichter Mangel aufgeführt ist. Erforderliche und fällige Reparaturen können somit leichter vorgenommen werden. Zudem ist die Prüfung um eine kurze Probefahrt erweitert worden. Für neue Fahrzeuge, die erstmalig ab 1. Juli 2012 in den Verkehr gekommen sind, ist künftig auch die Überprüfung aller elektronischen Sicherheitssysteme im Rahmen der HU verstärkt vorgesehen. So kontrollieren die Prüfer von TÜV Rheinland, ob elektronisch geregelte Sicherheitssysteme und umweltre-

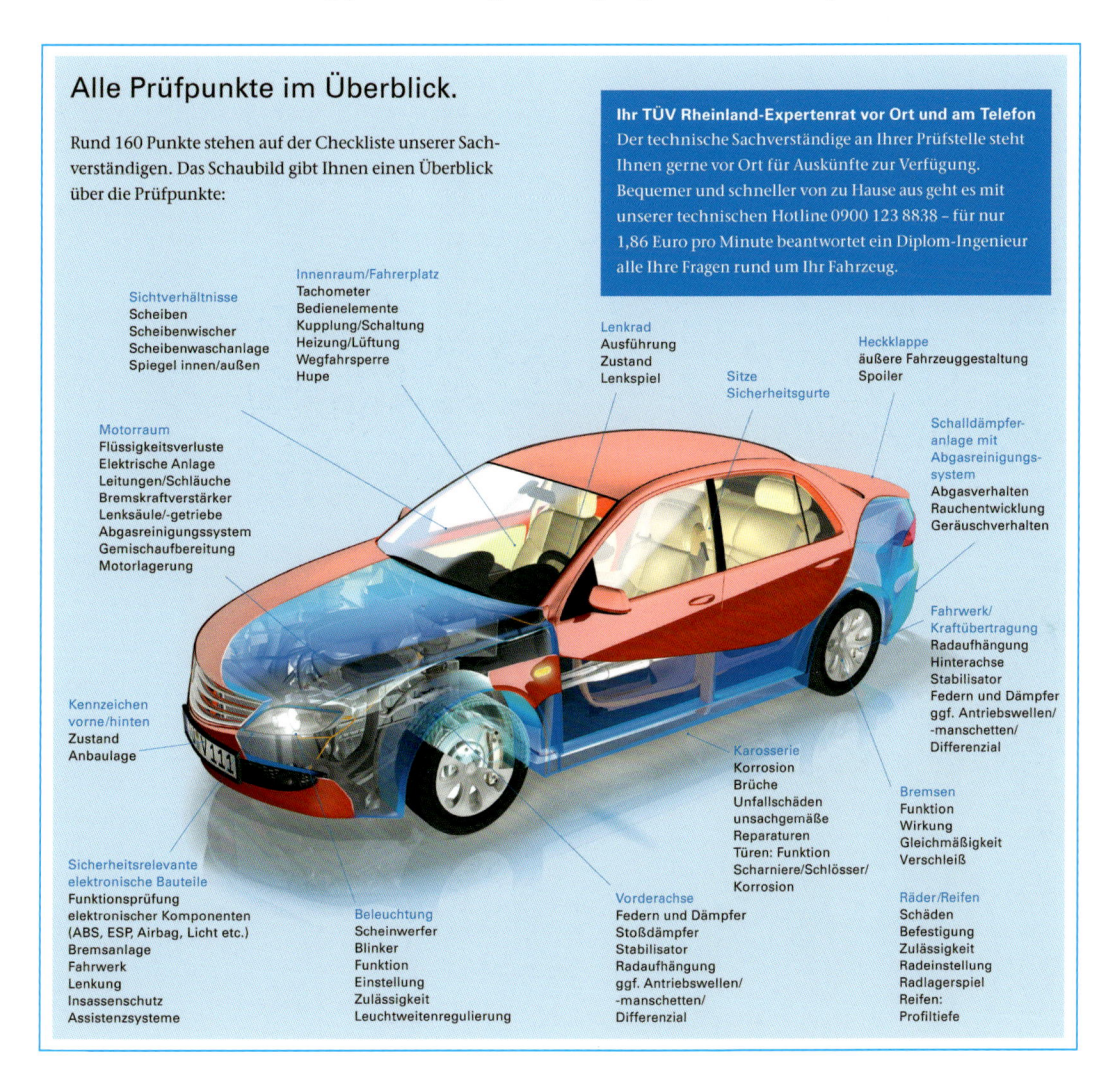

Alle Prüfpunkte im Überblick.

Rund 160 Punkte stehen auf der Checkliste unserer Sachverständigen. Das Schaubild gibt Ihnen einen Überblick über die Prüfpunkte:

Ihr TÜV Rheinland-Expertenrat vor Ort und am Telefon
Der technische Sachverständige an Ihrer Prüfstelle steht Ihnen gerne vor Ort für Auskünfte zur Verfügung. Bequemer und schneller von zu Hause aus geht es mit unserer technischen Hotline 0900 123 88 38 – für nur 1,86 Euro pro Minute beantwortet ein Diplom-Ingenieur alle Ihre Fragen rund um Ihr Fahrzeug.

Sichtverhältnisse
Scheiben
Scheibenwischer
Scheibenwaschanlage
Spiegel innen/außen

Innenraum/Fahrerplatz
Tachometer
Bedienelemente
Kupplung/Schaltung
Heizung/Lüftung
Wegfahrsperre
Hupe

Lenkrad
Ausführung
Zustand
Lenkspiel

Sitze
Sicherheitsgurte

Heckklappe
äußere Fahrzeuggestaltung
Spoiler

Motorraum
Flüssigkeitsverluste
Elektrische Anlage
Leitungen/Schläuche
Bremskraftverstärker
Lenksäule/-getriebe
Abgasreinigungssystem
Gemischaufbereitung
Motorlagerung

Schalldämpferanlage mit Abgasreinigungssystem
Abgasverhalten
Rauchentwicklung
Geräuschverhalten

Fahrwerk/Kraftübertragung
Radaufhängung
Hinterachse
Stabilisator
Federn und Dämpfer
ggf. Antriebswellen/-manschetten/Differenzial

Kennzeichen vorne/hinten
Zustand
Anbaulage

Karosserie
Korrosion
Brüche
Unfallschäden
unsachgemäße Reparaturen
Türen: Funktion
Scharniere/Schlösser/Korrosion

Bremsen
Funktion
Wirkung
Gleichmäßigkeit
Verschleiß

Sicherheitsrelevante elektronische Bauteile
Funktionsprüfung elektronischer Komponenten (ABS, ESP, Airbag, Licht etc.)
Bremsanlage
Fahrwerk
Lenkung
Insassenschutz
Assistenzsysteme

Beleuchtung
Scheinwerfer
Blinker
Funktion
Einstellung
Zulässigkeit
Leuchtweitenregulierung

Vorderachse
Federn und Dämpfer
Stoßdämpfer
Stabilisator
Radaufhängung
ggf. Antriebswellen/-manschetten/Differenzial

Räder/Reifen
Schäden
Befestigung
Zulässigkeit
Radeinstellung
Radlagerspiel
Reifen:
Profiltiefe

levante Fahrzeugeinrichtungen einwandfrei funktionieren – wie zum Beispiel die Airbags.

Zu Beginn der Prüfung ist eine kurze Probefahrt mit einer Geschwindigkeit von mindestens 8 km/h vorgeschrieben. Diese kurze Fahrt vervollständigt die bisherige statische Prüfung. Wichtige Untersuchungspunkte werden schon bei dieser Fahrt abgedeckt, beispielsweise die Aktivierung und Prüfung der elektronischen Steuerungen einzelner Fahrzeugeinrichtungen.

Jährliche Mängelstatistik bei Autos

Die Sachverständigen der verschiedenen TÜV-Unternehmen stellen einmal jährlich ihre Mängelstatistik vor. 2013 stellten sie im Bundesdurchschnitt bei 24,9 Prozent aller Autos erhebliche Mängel fest. Das heißt: Diese Autos erhalten keine TÜV-Plakette, sondern müssen nach Reparatur nochmals zur Prüfung. Besonders häufig entdecken die Prüfer von TÜV Rheinland bei der Hauptuntersuchung Defekte an Beleuchtung, an Bremsen, Auspuff sowie Achsen, Rädern und Reifen.

Bei alten Fahrzeugen ab dem siebten Lebensjahr ist die Mängelrate doppelt so hoch wie bei jungen Fahrzeugen. Bei Autos älter als elf Jahre hat sogar jedes dritte Fahrzeug erhebliche Mängel. Die Streuung der Mängelrate je Altersklasse zwischen dem besten und dem schlechtesten Pkw ist sehr groß: Bei Fahrzeugen bis drei Jahre beträgt die Spanne 4,2 bis 19,4 Prozent (der Durchschnitt liegt bei 9,1 Prozent), bis fünf Jahre von 7,3 bis 28,9 Prozent (Schnitt 14,8 Prozent), bis sieben Jahre von 9,9 bis 37,7 Prozent (Schnitt 21,2 Prozent), bis neun Jahre von 10,3 bis 42,7 Prozent (Schnitt 28,8 Prozent), bis elf Jahre von 12,8 bis 45,1 Prozent (Schnitt 33,3 Prozent) (Stand 2013).

Vergabe der Prüfplaketten für Kraftfahrzeuge

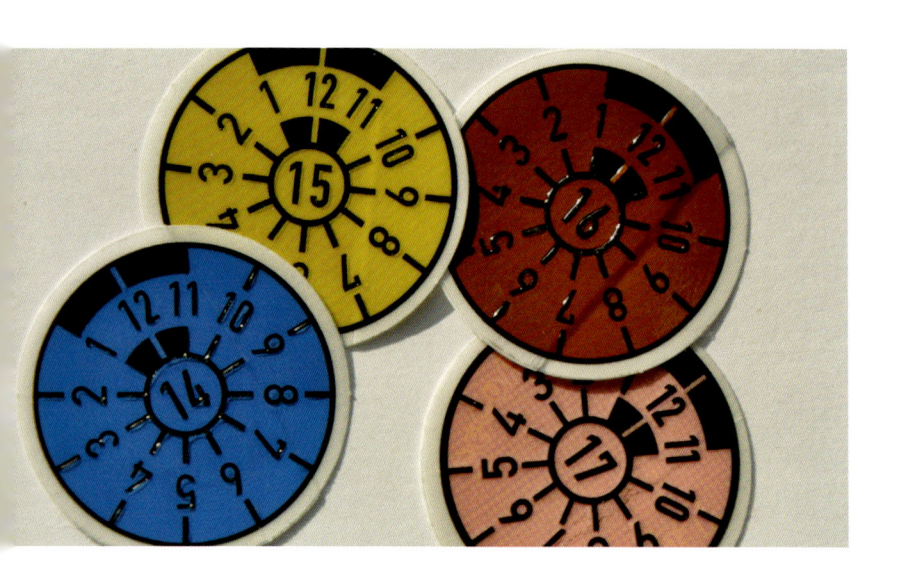

Sichtbares Zeichen für die wiederkehrende Prüfung an einem Kraftfahrzeug ist die Prüfplakette. Diese gibt es in sechs verschiedenen Farben, jeweils einem bestimmten Jahr zugeordnet. Das Fälligkeitsjahr ist in der Mitte der Prüfplakette zu erkennen, die Angabe des Monats erfolgt über eine Zahl zwischen 1 und 12, die entgegengesetzt dem Uhrzeigersinn auf dem Rand der Plakette aufgebracht ist. Beim Aufkleben der Plakette wird der Fälligkeitsmonat auf 12 Uhr geklebt. Durch eine schwarze Markierung der Plakette am Rande zwischen 11 und 1 ist dann aus der Entfernung für die Polizei die Erkennbarkeit des Fälligkeitsmonats gewährleistet (das Fälligkeitsjahr ergibt sich durch die Farbe). Die Einführung der Plakette erfolgte 1960, um die Kontrolle durch die Polizei zu erleichtern. Aus diesem Grund wird auch die Prüfplakette auf dem hinteren Kennzeichen angebracht.

Eine Plakette für einen Pkw ist immer 24 Monate ab der Prüfung gültig, auch wenn die Prüffrist überzogen wurde. Rund 8 Prozent der Fahrzeuge, die bei TÜV Rheinland geprüft werden, haben die Frist um zwei Monate oder mehr überzogen. Für diesen Fall hat der Gesetzgeber eine zusätzliche Gebühr eingeführt.

Beim Pkw beträgt diese rund 10 Euro. Die Gebühr für die Ergänzungsprüfung wird erhoben, weil die Prüforganisationen bei solchen Fahrzeugen verpflichtend eine Ergänzungsprüfung durchführen müssen. Grund dafür ist die zunehmende Anzahl der Mängel, je länger die Prüftermine auseinanderliegen.

Aber Achtung, denn weiterhin gilt: Die HU darf nicht überzogen werden, das ist eine Ordnungswidrigkeit. Sanktionen und Bußgelder für eine Fristüberziehung bleiben gleich: Bei Pkw, Motorrädern und leichten Anhängern kostet eine Überziehung zwischen 15 und 40 Euro. Außerdem können je nach Überziehungsdauer auch noch bis zu zwei Punkte in Flensburg fällig werden.

Prüfungen und Prüfzeichen für Produkte

Eine Auswahl

TÜV Rheinland führt weltweit eine Vielzahl von Prüfungen an unterschiedlichen Produkten durch. Dabei reicht die Bandbreite der Prüfungen von Möbeln über Baustoffe und Elektrogeräte bis zu Spielgeräten oder Smartphone-Apps.

Seit 2012 hat TÜV Rheinland sein eigenes Prüfzeichen weltweit im Aussehen und der Beschreibung dessen, was geprüft wurde, vereinheitlicht. Das Prüfzeichen wird mit Schlüsselbegriffen kombiniert und zusätzlich mit einer ID-Nummer versehen, sodass für jedermann frei zugänglich im Internet weitere Informationen zu der vorgenommenen Prüfung abgerufen werden können. Ziel ist es, leichter verständlich zu machen, was genau geprüft wurde (und was somit nicht). Beispiele hierfür sind Begriffe wie Sicherheit, Ergonomie oder schadstoffgeprüft.

Neben dem eigenen Prüfzeichen besitzt TÜV Rheinland auch die Anerkennung durch Behörden und Organisationen, bestimmte Prüfungen vorzunehmen und bei einem positiven Ergebnis Prüfzeichen auszustellen. Das prominenteste Beispiel hierfür dürfte das GS-Zeichen für geprüfte Sicherheit sein.

▶ GS-Zeichen für geprüfte Sicherheit

Das deutsche GS-Zeichen ist ein freiwilliges Sicherheitszeichen, das über die Grenzen Deutschlands hinaus Beachtung findet. Das GS-Zeichen ist zwar kein allgemeines Qualitätssiegel, bringt aber positive Auswirkungen für die Produktsicherheit: Jedes Jahr werden in Deutschland für rund 50.000 Produkte GS-Zeichen beantragt, wobei die Hälfte der Produkte erst in Sachen Sicherheit nachgebessert werden muss, bevor das Zeichen erteilt werden kann. Aktuell tragen mehr als 15.000 verschiedene Produkte weltweit das GS-Zeichen von TÜV Rheinland.

Das GS-Zeichen soll gewährleisten, dass die technischen Anforderungen an die Sicherheit eines Produktes erfüllt sind und durch ein unabhängiges Prüfunternehmen wie TÜV Rheinland kontrolliert werden. Die Vergabe des GS-Zeichens ist im Produktsicherheitsgesetz geregelt und auf maximal fünf Jahre befristet. Bei einer Änderung des geprüften Produktes erlischt es automatisch. Geprüft werden müssen sämtliche Auswirkungen des Produktes auf Gesundheit und Sicherheit des Menschen. Von Produkt zu Produkt sind selbstverständlich sehr unterschiedliche Prüfungen erforderlich.

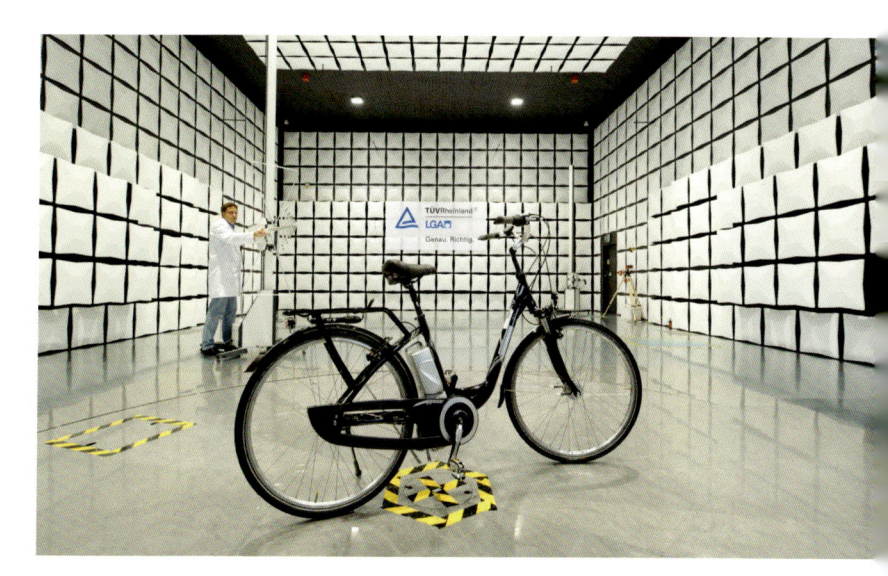

Prüfung der elektromagnetischen Verträglichkeit von Pedelecs

Aus den sehr allgemeinen Vorgaben ergibt sich im Einzelnen der Prüfumfang. TÜV Rheinland hat als eines von über 60 Prüfunternehmen in Deutschland die Zulassung von der Zentralstelle der Länder für Sicherheitstechnik bekommen und darf für das GS-Zeichen Zertifikate ausstellen. Um das GS-Zeichen anbringen zu dürfen, muss der Hersteller sein Produkt von einer Prüfstelle wie TÜV Rheinland einer sogenannten Baumusterprüfung unterziehen. Die erforderlichen Prüfungen führt TÜV Rheinland in einem seiner Produktprüflabore weltweit durch.

Zur Aufrechterhaltung des Zertifikates führt TÜV Rheinland dann Kontrollen beispielsweise in der Fabrik des Herstellers durch. Dabei wird kontrolliert, ob das produzierte Produkt noch dem geprüften Muster entspricht oder Änderungen vorgenommen worden sind. Solche zumeist jährlichen Inspektionen beinhalten auch eine Kontrolle des Qualitätswesens und der Endproduktprüfung. Ziel ist es festzustellen, ob die Serienfertigung des Produktes funktioniert.

Bei Veränderungen an dem Produkt muss der Hersteller TÜV Rheinland informieren, da die Gültigkeit des Zertifikates sonst erlischt. Mit dem GS-Zeichen können versehen werden: Produkte des täglichen Bedarfs wie zum Beispiel Möbel, Unterhaltungselektronik, Bohrhämmer, Kettensägen, Spielzeug, Fitnessgeräte, Kinderwagen, Mountainbikes, Haushalts- und Küchengeräte, aber auch Spielplatzgeräte oder technische Arbeitsmittel wie z. B. Spezialwerkzeuge, Hebe- und Fördereinrichtungen.

▶ **Bauart geprüft**

Die Bauartprüfung von TÜV Rheinland wird angewandt bei Komponenten und Produkten, bei denen kein GS-Zeichen vergeben werden darf, weil dies gesetzlich ausgeschlossen ist. Dazu zählen beispielsweise Schalter, Relais, Kondensatoren oder Stecker, die für sich genommen nicht verwendungsfertig sind, sondern zum Einbau in Fertigprodukte bestimmt sind. Im Zentrum der Prüfung steht ebenfalls die Sicherheit der jeweiligen Komponente. Die Bauartprüfung ist eine freiwillige Prüfung, in der TÜV Rheinland bestätigt, dass ein Produktmuster den einschlägigen Anforderungen an ein sicheres Produkt entspricht. Beispiel: Bei einem elektrischen Schalter werden unter anderem Schaltzyklen mit und ohne Last durchgeführt, um den Einsatz unter realistischen Bedingungen zu simulieren. Die Herstellung der Produkte, denen dieses Prüfzeichen erteilt wurde, wird regelmäßig überwacht. Das Prüfzeichen gilt, solange das Produkt nicht verändert wird. Derzeit tragen rund 1.650 Komponenten und Produkte das Zeichen für die Bauartprüfung von TÜV Rheinland.

▶ **Elektromagnetische Verträglichkeit von Produkten**

Jedes elektrische oder elektronische Gerät sendet und empfängt elektromagnetische Wellen. Diese Störaussendungen können die Geräte wechselseitig beeinflussen. Das Prüfzeichen von TÜV Rheinland für elektromagnetische Verträglichkeit (EMV) von Produkten zeigt an, dass die Vorgaben der EU-Richtlinie für elektromagnetische Verträglichkeit eingehalten werden. Die Herstellung der Produkte, denen dieses Prüfzeichen erteilt wurde, wird regelmäßig überwacht. Das Prüfzeichen wird von TÜV Rheinland unter anderem für folgende Produkte vergeben: Alarmanlagen, Haushalts- und Freizeitprodukte, Industriemaschinen, Komponenten, Leuchten, Medizinprodukte, Laborgeräte. Das Prüfzeichen, das momentan für 30 Produkte vergeben ist, gilt, solange das Produkt nicht verändert wird.

▶ **Ergonomie**

TÜV Rheinland prüft bei der Vergabe des freiwilligen Prüfzeichens Ergonomie nach nationalen und internationalen Standards, die für alle Prüfdienstleister gleich sind. Das Prüfzeichen zeigt, dass Produkte optimal auf die ergonomischen Bedürfnisse des Menschen eingestellt sind. Das heißt am Beispiel eines Bildschirmarbeitsplatzes, dass sowohl die Büromöbel (Stuhl, Schreibtisch) als auch die Beleuchtung und die elektronischen Geräte wie Tastatur oder Bildschirm so eingestellt oder einstellbar sind, dass möglichst wenig Beschwerden beim Nutzer des Arbeitsplatzes auftreten. Das Prüfzeichen wird unter anderem vergeben für Haushaltsgeräte, IT-Geräte, Möbel oder Medizinprodukte. Derzeit tragen rund 750 verschiedene Produkte dieses Prüfzeichen von TÜV Rheinland. Das Prüfzeichen gilt, solange das Produkt nicht verändert wird.

▶ **Prüfzeichen für Schuhe und Lederbekleidung**

TÜV Rheinland führt bei Schuhen und Lederbekleidung chemische Prüfungen und Qualitätsprüfungen durch und testet unter anderem, ob das Material farbecht, abriebfest und scheuerbeständig ist. In den weltweit gültigen Normen sind Grenzwerte von Schadstoffen formuliert, deren Einhaltung TÜV Rheinland kontrolliert. Die Grenzwerte stellen sicher, dass von den Produkten keine gesundheitlichen Risiken für Menschen ausgehen. Die Liste der zu prüfenden Schadstoffe passt TÜV Rheinland ständig an, wenn neue Erkenntnisse und Erfahrungswerte vorliegen. Auch, ob die Produkte wasserdicht sind, wird anhand weltweit geltender Anforderungen von TÜV Rheinland geprüft. Dabei werden üblicherweise im Gebrauch vorkommende Verhältnisse simuliert. Die Herstellung der Produkte mit dem Prüfzeichen wird regelmäßig von TÜV Rheinland überwacht. Das Prüfzeichen, das aktuell für 150 verschiedene Produkte vergeben ist, gilt, solange das Produkt nicht verändert wird.

▶ Schadstoffprüfung von Produkten

Bei der Überprüfung der Schadstoffe in Produkten geht TÜV Rheinland über die gesetzlichen Vorgaben hinaus, die in Deutschland gelten, und prüft nach einem eigenen Standard. Beispielsweise sind Schwermetalle, gesundheitsgefährdende Weichmacher, Farbstoffe, Lösemittel und Konservierungsstoffe streng limitiert, sodass durch den Gebrauch der Produkte eine Gefährdung der Gesundheit nach heutigem Stand der Wissenschaft und Erkenntnis nicht zu erwarten ist. Getestet werden unter anderem Haushaltswaren, Spielwaren, Textilien, Möbel, Gebäude, Baustoffe, Bauprodukte und Umweltproben. Das Prüfzeichen ist derzeit für 300 verschiedene Produkte vergeben und gilt, solange der Artikel nicht verändert wird.

▶ Green Product

Das Green-Product-Zeichen wird von TÜV Rheinland nach einem selbst entwickelten Standard für Konsumgüter vergeben. Die Prüfkataloge des freiwilligen Prüfzeichens orientieren sich an bekannten Umwelt- und Energieeffizienzverordnungen und -anforderungen, wie beispielsweise der EU-Chemikalienrichtlinie REACH, der europäischen Abfallrichtlinie für Elektronikgeräte WEEE oder dem US-amerikanischen Zeichen für energiesparende Geräte Energy Star. Überprüft werden demnach – neben der sicherheitstechnischen Beurteilung als Grundvoraussetzung – der verantwortliche Umgang mit chemischen Inhaltsstoffen, das Recycling und die Verwendung recycelter Materialien, die Erstellung einer CO_2-Bilanz und Energieverbrauch oder Energieeffizienz. Das Prüfzeichen wird unter anderem für Waschmaschinen, Geschirrspüler, Klimaanlagen, Fernseher, Desktop-Computer, Laptops, Holzmöbel oder Spielzeug vergeben. Das Prüfzeichen gilt so lange, bis das Produkt verändert wird.

▶ BATSO-Prüfzeichen für Batterien

BATSO steht für Battery Safety Organization und setzt Industriestandards für die sichere Anwendung von Batterien beispielsweise in Autos oder für größere stationäre Einheiten. BATSO wurde 2002 unter anderem von TÜV Rheinland gegründet. Derzeit sind 13

Batterien nach dem Standard von BATSO erfolgreich geprüft. Die Batterien werden unter anderem im Hinblick auf elektromagnetische Verträglichkeit und funktionale Sicherheit geprüft. Auch werden chemische Prüfungen durchgeführt. Sowohl die von TÜV Rheinland zertifizierten Produkte als auch die Labore, in denen die Prüfungen durchgeführt werden, unterliegen einer regelmäßigen Überwachung durch TÜV Rheinland. Anwender erhalten mit dem Produkt, das das BATSO-Zeichen trägt, eine verlässliche Aussage über eine sichere Batterie in dem dafür vorgesehenen Einsatzbereich. Das Prüfzeichen gilt so lange, bis das Produkt verändert wird.

▶ LGA tested

Das LGA-tested-Prüfzeichen wird ebenfalls von TÜV Rheinland vergeben, der die Prüfgesellschaft LGA im Jahr 2005 übernommen hat. Das Zeichen findet sich beispielsweise auf Waschmaschinen und anderen Haushaltsgeräten, Möbeln oder Spielzeug. Geprüft wird ein ausgewählter Aspekt eines Produktes nach eigenen, von TÜV Rheinland entwickelten Standards. Dazu zählen beispielsweise Gebrauchseigenschaften, Gebrauchstauglichkeit, elektromagnetische Verträglichkeit oder Hygiene. Im Gegensatz zum Prüfzeichen für elektromagnetische Verträglichkeit von TÜV Rheinland oder zum GS-Zeichen für geprüfte Sicherheit wird bei LGA tested keine umfassende Produktprüfung vorgenommen.

Das Prüfzeichen gilt so lange, bis das Produkt verändert wird.

▶ LGA tested Quality

Das Prüfzeichen dokumentiert die umfassende und konstante Qualität des getesteten Produktes. Es wird nach einem eigenen, von TÜV Rheinland entwickelten Standard vergeben. Geprüft werden z. B. die Verarbeitungsqualität eines Produktes, die Auskunft über dauerhafte Qualität eines Produktes gibt, aber auch die Gebrauchsanweisung, Gebrauchseigenschaften (Fragen zur üblicherweise zu erwartenden Handhabung des Gerätes sowie möglicherweise dabei auftretenden Unzulänglichkeiten) und selbstverständlich grundlegende Anforderungen an die Sicherheit. Im Gegensatz zum GS-Zeichen für geprüfte Sicherheit wird jedoch keine umfassende Sicherheitsprüfung vorgenommen. Getestet werden Waschmaschinen und andere Haushaltsgeräte, aber auch Kochgeschirr, Möbel und Spielzeug. Das Prüfzeichen gilt so lange, bis das Produkt verändert wird.

▶ ENEC-Zeichen für elektrische Produkte

Das ENEC-Zeichen ist ein freiwilliges Prüfzeichen zur Kennzeichnung von elektrischen Produkten (insbesondere Leuchten und den darin verbauten Komponenten, aber auch Büromaschinen, Elektrowerkzeugen und ähnlichen), die die europäischen Sicherheitsnormen erfüllen. Diese Normen enthalten überwiegend Anforderungen an die elektrische und mechanische Sicherheit und legen Grenzwerte für die Erwärmung fest. TÜV Rheinland hat die Zulassung der European Electrical Products Certification Association (EEPCA), ENEC-Zertifikate auszustellen. Die Nummer 24 im ENEC-Zeichen steht für TÜV Rheinland, andere europäische Prüf- und Zertifizierungsorganisationen haben jeweils ihre eigene Nummer erhalten. Mit dem Prüfzeichen ist der Marktzugang in der Europäischen Union und in vielen Staaten Osteuropas mit nur einem einzigen Prüf- und Zertifizierungsverfahren möglich. Konsumenten finden das ENEC-Zeichen häufig auf verwendungsfertigen Produkten. ENEC-gekennzeichnete Komponenten und Baugruppen sind dem Endverbraucher üblicherweise nicht im Handel zugänglich und richten sich daher an die weiterverarbeitende Industrie.

▶ CE-Kennzeichnung

Die CE-Kennzeichnung ist kein Gütesiegel oder Qualitätszeichen. Die EU-Richtlinien haben Gesetzescharakter und deren Einhaltung ist verpflichtend. Es ist Aufgabe der Hersteller, die Übereinstimmung ihrer Produkte mit diesen Richtlinien zu überprüfen und die Ergebnisse dieser Prüfungen als Dokumentation vorzuhalten. Dieser Vorgang nennt sich Konformitätsbewertung. Als äußerlich sichtbares Ergebnis bringt der Hersteller das CE-Kennzeichen an seinen Produkten an. CE steht für Communauté Européenne, französisch für Europäische Gemeinschaft.

CE-Kennzeichnungen sind unter anderem für Spielzeug, elektrische Geräte, persönliche Schutzausrüstungen, Medizinprodukte oder Messgeräte vorgeschrieben. Für die allermeisten dieser Produkte ist kein unabhängiges Gutachten etwa durch TÜV Rheinland oder ein anderes Prüfunternehmen gefordert. Vielmehr bestätigt der Hersteller durch die Anbringung des Kennzeichens selbst, dass sein Produkt den geltenden europäischen Richtlinien entspricht.

Bei manchen Produkten hat der Gesetzgeber in den EU-Richtlinien die Mitwirkung eines unabhängigen und dafür benannten Prüf- und Zertifizierungsinstitutes vorgeschrieben. Hierbei handelt es sich beispielsweise um Maschinen oder persönliche Schutzausrüstungen, deren Gefährdungspotenzial vom Gesetzgeber als hoch eingestuft wurde.

Wenn die EU-Richtlinie dem benannten Prüf- und Zertifizierungsinstitut eine Beurteilung und Zertifizierung im Bereich der Produktionsüberwachung bzw. der umfassenden Qualitätssicherung vorschreibt, muss der Hersteller nach der CE-Kennzeichnung eine vierstellige Zahl anbringen. Diese weist auf die Einbindung einer unabhängigen Prüfstelle bei der Feststellung der Konformität hin. Die Produktprüfgesellschaft von TÜV Rheinland führt im Auftrag vieler Kunden solche Konformitätsbewertungen durch. Ihr ist für solche Tätigkeiten aus Brüssel die vierstellige Zahl 0197 zugewiesen worden.

▶ Exkurs Ökobilanz:
Corporate Carbon Footprint

Der Corporate Carbon Footprint ist keine typische Produktprüfung. Er bezeichnet vielmehr den CO_2-Fußabdruck eines Unternehmens. Die Geschäftätigkeit von Unternehmen hinterlässt Spuren in Natur und Umwelt. Insbesondere die Belastung der Atmosphäre mit Treibhausgasen wie Kohlendioxid, Methan und Stickstoffoxid hat in den vergangenen Jahren weltweit stark zugenommen; die Wirtschaft ist gefordert, CO_2-Emissionen einzusparen und ihren Beitrag zum globalen Klimaschutz zu leisten.

Mit seiner Prüfung Corporate Carbon Footprint bietet TÜV Rheinland Unternehmen die Möglichkeit, die Auswirkungen ihres wirtschaftlichen Handelns auf das Klima transparent zu machen und zu reduzieren. Aufgrund der Prüfung und Zertifizierung durch TÜV Rheinland können Schwachstellen entlang der Wertschöpfungskette aufgedeckt werden. Die Unternehmen können ihre Energieeffizienz verbessern und ihre Emissionen senken. Die freiwillige Ermittlung des CO_2-Fußabdrucks erfolgt durch TÜV Rheinland nach der weltweit gültigen Norm ISO 14064. Bilanziert werden dabei alle unternehmensrelevanten Treibhausgasemissionen entlang der Wertschöpfungskette. Dazu zählen die direkten Emissionen des Unternehmens, die beispielsweise in der Produktion, durch die Nutzung fossiler Brennstoffe oder eigene Fahrzeuge entstehen. Ferner schlagen die indirekten Emissionen in der Bilanz zu Buche, etwa durch den Bezug von Strom und Wärme.

▶ Exkurs: Prüfung von Spielplätzen

TÜV Rheinland kontrolliert im Auftrag der jeweiligen Betreiber (oft Städte und Gemeinden) die Sicherheit von öffentlichen Spielplätzen. Grundlage der Kontrollen ist die europäische Norm EN 1176. Darin ist beschrieben, wie die einzelnen Spielgeräte auszusehen haben, wie sie befestigt und aufgebaut werden müssen. Festgelegt sind beispielsweise Bodenbeschaffenheit, Sicherheitsabstände und die Konstruktion der einzelnen Geräte. Der Auftraggeber erhält von TÜV Rheinland nach der meist jährlich vorgenommenen Prüfung einen Bericht, in dem Mängel aufgelistet sind. Oftmals ist bei den Prüfungen auch direkt ein Mitarbeiter des Betreibers dabei. Ist Gefahr im Verzug, werden Spielgeräte oder Spielplätze auch sofort vom Betreiber stillgelegt.

Als größte Gefahren machen die Prüfer des TÜV Rheinland bei Spielplatzkontrollen folgende Punkte aus: Verschleiß und Fehlkonstruktionen bei Klettergerüsten, verfaultes Holz, rostiges Metall und vorstehende Schrauben, riskante Rutschen, Fangstellen, an denen spielende Kinder hängen bleiben und sich verletzen können, und schließlich spitze Steine oder scharfkantige Mauern, die die Spielplätze oft umranden. TÜV Rheinland prüft daneben auch Spielgeräte, die für Spielplätze hergestellt werden, direkt bei dem Produzenten.

Prüfung technischer Anlagen und in der Industrie

TÜV Rheinland wurde 1872 gegründet, um die technische Sicherheit von Dampfmaschinen, Druckkesseln und Industrieanlagen in Fabriken zu erhöhen. Genau diese Arbeit der Prüfung technischer Anlagen in allen Varianten bildet bis heute auch den Kern der Tätigkeit von TÜV Rheinland weltweit. Allein in Deutschland sind bei TÜV Rheinland 1.800 Mitarbeiterinnen und Mitarbeiter in diesem Unternehmensbereich tätig, die meisten von ihnen mit technischer Ausbildung und Ingenieurstudium. Der Geschäftsbereich zur Industrieprüfung hat sich bei TÜV Rheinland aber in den vergangenen knapp 150 Jahren ebenso gewandelt wie die Technik selbst und die Vielfalt von Anlagen, die das Wirtschaftsleben und den Alltag der Menschen bestimmen.

Das Ziel der Prüfungen, die TÜV Rheinland vornimmt, ist dabei aber immer gleich: die Sicherheit von Anlagen für Menschen und Umwelt zu gewährleisten und zu einem effizienten Betrieb beizutragen.

Zum Beispiel: Prüfungen in der chemischen Industrie

Unternehmen der chemischen Industrie unterliegen vielen Anforderungen hinsichtlich der Betriebssicherheit, des Arbeitsschutzes, des Umweltschutzes und der Störfallvermeidung. Damit die komplexen technischen Anlagen in diesem Industriezweig den Anforderungen gerecht werden, sind vor der Inbetriebnahme technische Prüfungen und anschließend im Betrieb regelmäßige Prüfungen verpflichtend vorgeschrieben. Gesetzliche Grundlage hierfür ist die Betriebssicherheitsverordnung, die den Betrieb und die Prüfungen von solchen überwachungsbedürftigen Anlagen regelt. Überwachungsbedürftige Anlagen nach der Festlegung der Verordnung sind Dampfkessel, Druckbehälter und bestimmte Rohrleitungen, die unter Druck stehen, sowie bestimmte Tank- und Lageranlagen für entzündliche Stoffe. Je nach Art des Betriebs und der Produktion müssen auch ergänzende beziehungsweise zusätzliche Vorschriften eingehalten werden. Dazu zählen zum Beispiel die Störfallverordnung, die Verordnung über Anlagen zum Umgang mit wassergefährdenden Stoffen, die Gefahrstoffverordnung oder die Rohrfernleitungsverordnung.

Die Prüffristen nach der Betriebssicherheitsverordnung werden auf Basis einer Gefährdungsbeurteilung festgelegt, die der Betreiber einer Anlage erstellen oder erstellen lassen muss. Denn generell ist der Betreiber einer Anlage für die Einhaltung aller Anforderungen und für die Prüfungen verantwortlich. Mit der Durchführung der Prüfungen kann er beispielsweise TÜV Rheinland beauftragen. TÜV Rheinland beschäftigt für die Ausführung der Prüfungen nur qualifizierte Fachleute – in der Regel Ingenieure –, die im Rahmen einer zusätzlichen internen Ausbildung die Befugnis für die Durchführung der jeweiligen Prüfungen erlangen. Entscheidend für den Nachweis, dass der Betreiber einer Anlage seine Verantwortung wahrnimmt, ist die Dokumentation durch die entsprechenden Prüfberichte. Die verantwortlichen Aufsichtsbehörden sind die jeweiligen Arbeitsschutzbehörden, die Auflagen verhängen und bei Verstößen den Betrieb der Anlagen untersagen können.

Die Inhalte der vorgeschriebenen Prüfungen sind in ergänzenden technischen Regelwerken, den Technischen Regeln für Betriebssicherheit, definiert. Die Prüfungen variieren entsprechend dem zu prüfenden Objekt. So sind zum Beispiel bei Druckbehältern in bestimmten Zeitabständen eine innere Prüfung, eine Festigkeitsprüfung und in manchen Fällen eine äußere Prüfung vorgesehen.

Was zeichnet Zugelassene Überwachungsstellen wie beispielsweise TÜV Rheinland aus?

Nach der Betriebssicherheitsverordnung sind das Prüforganisationen, die durch die Zentralstelle der Länder für Sicherheitstechnik für diese Aufgaben anerkannt sind. Voraussetzungen für die Anerkennung einer Zugelassenen Überwachungsstelle sind unter anderem die Unparteilichkeit und der Nachweis, dass die Mitarbeiter entsprechend den zu übernehmenden Aufgaben qualifiziert sind. Insgesamt heißt das: Eine Zugelassene Überwachungsstelle muss als Organisation die Eignung nachweisen, nach den vorgeschriebenen Regeln zu prüfen, und ein funktionierendes und geeignetes Qualitätssicherungssystem vorweisen, das regelmäßig intern und extern überwacht wird.

Eine Besonderheit stellen die bekannt gegebenen Sachverständigen (nach § 29a Bundes-Immissionsschutzgesetz) dar. Diese Sachverständigen sind bei TÜV Rheinland angestellt, müssen aber ihre besondere Qualifikation in einem gesonderten Verfahren nachweisen und werden durch die zuständigen Behörden persönlich ernannt. Diese Fachleute haben den Auftrag, die Überwachungstätigkeit der Behörden zu entlasten und zu unterstützen. Sie nehmen sicherheitstechnische Prüfungen an genehmigungsbedürftigen Anlagen anhand der sicherheitstechnischen Unterlagen vor, die unter das Gesetz beziehungsweise die Verordnung fallen.

Zum Beispiel: Prüfung von Aufzügen durch TÜV Rheinland

Aufzug fahren gehört für Millionen Menschen in Deutschland zur täglichen Routine. Doch viele fühlen sich im Lift unwohl, denn sie haben Angst, stecken zu bleiben oder abzustürzen. Diese Angst ist unbegründet. Hin und wieder kommt es zwar vor, dass der Aufzug beispielsweise wegen eines Stromausfalls oder technischen Defekts stecken bleibt oder sich die Türen nicht mehr öffnen lassen. Aber ein Aufzug kann, rein technisch gesehen, nicht abstürzen. Spezielle Fangvorrichtungen verhindern das. Es besteht auch keine Gefahr zu ersticken. In den Wänden des Aufzugs befinden sich mehrere, nicht immer sichtbare Lüftungslöcher. Durch sie strömt immer ausreichend Sauerstoff in die Aufzugskabine.

Die wichtigste Regel, wenn ein Aufzug stecken bleibt, ist deshalb: Ruhe bewahren und umgehend mindestens drei Sekunden lang den Notruf betätigen. Dabei gibt es zwei unterschiedliche Systeme. Ältere Modelle verfügen über einen akustischen Notruf, der im Gebäude ertönt. Wer den Notruf hört, verständigt den sogenannten Aufzugswärter. Das kann zum Beispiel der Hausmeister sein. Die Telefonnummer des Aufzugswärters sollte immer im Erdgeschoss außen am Aufzug angegeben sein. Bei modernen Aufzügen wird der Steckengebliebene per Freisprechanlage mit einer Notrufzentrale oder dem Gebäudemanagement verbunden. Der Ansprechpartner am anderen Ende weiß, um welchen Aufzug es sich handelt, und schickt Hilfe. Innerhalb von höchstens 30 Minuten sollte Hilfe da sein.

Wie werden Aufzüge durch TÜV Rheinland geprüft?

Hersteller von Aufzugsanlagen müssen bei der Errichtung in einem umfangreichen Verfahren nachweisen, dass ihre Anlagen den geltenden Normen und technischen Regeln entsprechen. Im Betrieb ist grundsätzlich der Betreiber der Aufzugsanlage verantwortlich für Wartung, Instandhaltung und Prüfung des Aufzugs. Daher haftet er auch für mögliche Schäden.

Deshalb ist die regelmäßige Überprüfung von Aufzugsanlagen ein absolutes Muss. Das zeigt auch die jährliche Mängelstatistik. So waren bei der 2014 vorgestellten Mängelstatistik des Verbands der TÜV für das Vorjahr lediglich rund die Hälfte aller Aufzugsanlagen in Deutschland mängelfrei, der Rest hatte technische Probleme. Etwa 12 Prozent der Anlagen wiesen sicherheitsbedenkliche und gefährliche Mängel auf. Damit mussten rund 3.200 Aufzüge in Deutschland nach der Prüfung wegen gefährlicher Mängel abgeschaltet werden. Der Verband hat zudem festgestellt, dass in Deutschland immer weniger Aufzüge überhaupt unabhängig geprüft werden. Experten gehen davon aus, dass es bundesweit rund 150.000 Personenaufzüge gibt, die 2013 trotz rechtlicher Verpflichtung nicht geprüft wurden. Dies ist möglich, weil es in Deutschland bislang kein zentrales Melderegister für Aufzüge gibt.

TÜV Rheinland verfügt über mehr als 200 ausgebildete Aufzugssachverständige. Aufzüge werden im Unternehmen nur durch speziell ausgebildete Sachverständige überprüft. Zum Einsatz kommen ausschließlich Ingenieure. Vor dem Einsatz als Aufzugsprüfer werden die Mitarbeiter über viele Monate intensiv in Theorie und Praxis geschult. Die Einarbeitung endet mit einer internen Prüfung. Erst danach darf ein Sachverständiger bei TÜV Rheinland selbstständig prüfen und wird auch während seiner Tätigkeit laufend weiter qualifiziert.

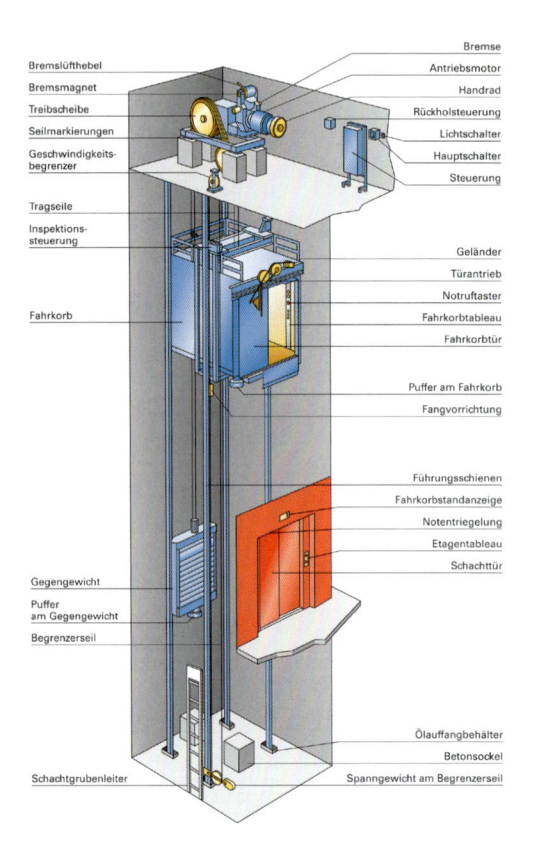

Was wird bei Aufzügen geprüft?

Im Betrieb muss ein Aufzug in Deutschland jährlich geprüft werden. Es finden im Wechsel eine Zwischenprüfung und eine umfangreiche wiederkehrende Prüfung (Hauptprüfung) durch speziell ausgebildete Sachverständige einer sogenannten Zugelassenen Überwachungsstelle wie beispielsweise TÜV Rheinland statt.

Bei der Prüfung werden unter anderem Fahrverhalten, Sicherheits- und Nothaltvorrichtungen, die Funktion der Türen und die Notrufeinrichtungen intensiv betrachtet. Bei der sogenannten Fangprüfung wird untersucht, ob eine Notbremsung im Fall der Fälle automatisch ausgelöst wird. Alle Mängel werden in einem Prüfbericht erfasst, der dem Betreiber übermittelt wird.

Bei einer akuten Gefährdung durch gefährliche Mängel wird der Aufzug sofort stillgelegt und darf erst nach Reparatur und erfolgreicher Nachprüfung wieder in Betrieb gehen. In diesen Fällen wird die örtliche Aufsichtsbehörde informiert. Besteht der Verdacht, dass aus bestehenden Defekten in naher Zukunft gravierende Mängel werden, wird ebenfalls eine Nachprüfung vereinbart. Nur nach erfolgreich bestandener Prüfung erhält der Aufzug die Prüfplakette von TÜV Rheinland. In

Deutschland gibt es bislang keine gesetzlich verankerte Pflicht, einen Aufzug nach erfolgter Prüfung mit einer Plakette zu versehen. Sicheren Aufschluss gibt lediglich die vom Betreiber zu führende Dokumentation, häufig in Form eines Prüfbuchs, in dem die jeweiligen Prüfberichte aufbewahrt werden. Mit den Prüfberichten kann der Betreiber beispielsweise nach einem Unfall nachweisen, dass er seinen Pflichten nachgekommen ist.

Rechtsgrundlage für die Prüfung von Aufzügen ist die Betriebssicherheitsverordnung (BetrSichV), mit der im Jahre 2003 das Prüfwesen in Deutschland liberalisiert wurde. Darüber hinaus gibt es seit 2006 die freie Wahl der Prüforganisation für den Besitzer einer Aufzugsanlage. Da es in Deutschland kein zentrales Anlagenkataster für Aufzüge gibt (wie z. B. das Kraftfahrtbundesamt für Autos), muss eine Anlage, die nicht geprüft wurde, auch nicht unbedingt auffallen.

Kontrolle der Prüforganisationen

Das Gebiet der Aufzugsprüfung wird in Deutschland durch die Zentralstelle der Länder für Sicherheitstechnik (ZLS) als oberste Behörde überwacht. Die ZLS mit Sitz in München ist zuständig für die Anerkennung und Überwachung von Prüflaboratorien, Zertifizierungsstellen und Inspektionsstellen, die die Sicherheit von Geräten, Maschinen und Anlagen überprüfen und zertifizieren. Diese Aufgabe nimmt die ZLS für alle Bundesländer wahr. Prüfungen an überwachungsbedürftigen Anlagen, wie zum Beispiel Aufzügen, dürfen nur sogenannte Zugelassene Überwachungsstellen (ZÜS) durchführen. Diese

In ganz Deutschland prüft TÜV Rheinland die Sicherheit von Aufzügen.

Überwachungsstellen müssen der ZLS gegenüber jährlich in umfangreichen Audits nachweisen, dass sie absolut unabhängig arbeiten und hinsichtlich ihrer Organisationsstrukturen, Mittel, Ausrüstung und Personal für diese Aufgabe geeignet sind.

TÜV Rheinland verfügt über eine jahrzehntelange Erfahrung in der Aufzugstechnik und ist von der ZLS als Zugelassene Überwachungsstelle anerkannt. Im Rahmen eines umfangreichen Zulassungsverfahrens wurde beispielsweise überprüft, ob ein Qualitätsmanagementsystem nach ISO 9001 besteht und ob durch ein internes Qualitätssicherungssystem die Dienstaufsicht und die Fachaufsicht gewährleistet sind. An das eingesetzte Personal und die Personalqualifizierung werden hohe Anforderungen gestellt. Die ZLS überprüft, ob es ein System zur Erstqualifizierung des Personals gibt und ausreichend Fortbildungstage für jeden Prüfer gewährt werden (mindestens fünf im Jahr).

Zum Beispiel: Prüfung von Fahrtreppen

Die Fahrtreppe – im Volksmund auch Rolltreppe genannt – ist und bleibt eines der effizientesten Transportmittel. In Kaufhäusern, Bahnhöfen oder Flughäfen und anderen öffentlichen Gebäuden tun sie unermüdlich ihren Dienst. Obwohl Rolltreppen grundsätzlich sicher sind, gibt es immer wieder Unfälle. Das liegt zum einen an der Konstruktion der Treppe, zum anderen am Verhalten der Nutzer. Die beweglichen Stufen fahren an der festen Seitenwand vorbei – dazwischen liegt ein bis zu vier Millimeter breiter Spalt.

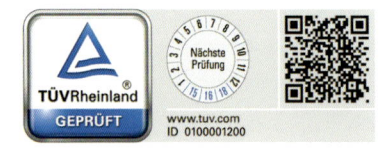

Die Herausforderung bei der Konstruktion einer Rolltreppe liegt darin, einen Mittelweg zwischen Verfügbarkeit und Sicherheit zu finden. Jede Fahrtreppe verfügt über einen oder mehrere Stoppschalter für den Notfall sowie automatische Sicherheitseinrichtungen, die ein Abbremsen der Treppe bis zum Stillstand bewirken. Die Treppe kommt langsam zum Stehen, damit die Benutzer nicht ruckartig nach vorne kippen und stürzen. Mindestens 20 Zentimeter lang ist der Bremsweg einer Fahrtreppe.

Auch wenn von Fahrtreppen Gefahren ausgehen können – besonders bei falscher Nutzung oder schlechter Wartung –, hat der Gesetzgeber die Prüfpflichten von Fahrtreppen im Vergleich zu Aufzugsanlagen weniger umfangreich gestaltet. Fahrtreppen sind nicht als überwachungsbedürftige Anlagen eingestuft und dürfen somit von sogenannten befähigten Personen geprüft werden. Hierzu zählt man auch Sachkundige. Dies sind beispielsweise Meister und Fachkräfte, die aufgrund ihrer Ausbildung und Erfahrung fachlich in der Lage sind, den sicheren Zustand einer Anlage zu beurteilen. Im Gegensatz zu Sachverständigen benötigen Sachkundige nicht zwingend einen akademischen Abschluss. TÜV Rheinland setzt für die Prüfung von Fahrtreppen ausschließlich besonders qualifizierte Sachverständige ein. Sie haben durch ihre Ausbildung, ihr Studium und ihre Erfahrung im Beruf besondere Kenntnisse auf dem Gebiet und sind mit den Unfallverhütungsvorschriften und weiteren einschlägigen Vorschriften vertraut.

Nur nach erfolgreich bestandener Prüfung erhält die Fahrtreppe die Prüfplakette von TÜV Rheinland. Grundlage für die Prüfung von Fahrtreppen ist die Betriebssicherheitsverordnung. Die Verordnung sieht eine Abnahmeprüfung einer neuen Rolltreppe vor der ersten Inbetriebnahme sowie entsprechende wiederkehrende Prüfungen vor. Die Prüffristen werden auf Grundlage einer Gefährdungsbeurteilung durch den Betreiber ermittelt und festgelegt. Der Betreiber ist verantwortlich für Wartung und Instandhaltung sowie die Einhaltung der Prüfungen.

Zum Beispiel: Prüfung von Fahrgeschäften und Karussells

Ganz gleich ob Karussells, Luftschaukeln, Riesenräder und Achterbahnen, aber auch Tribünen, Zelte oder Konzertbühnen: Sie alle sind in der Fachwelt sogenannte „Fliegende Bauten". So werden technische Anlagen bezeichnet, die für bestimmte Zeit aufgestellt und dann wieder zerlegt werden. Solche Anlagen und ganz speziell Fahrgeschäfte unterliegen in Deutschland einer gesetzlichen Prüfpflicht, da sie für den sicheren Betrieb besondere statische und konstruktive Anforderungen erfüllen müssen.

TÜV Rheinland ist seit über 40 Jahren im Bereich Fliegender Bauten als Prüforganisation tätig. Über 20 speziell geschulte Sachverständige führen bundesweit und auch international Neuabnahmen, Verlängerungsprüfungen, Gebrauchsabnahmen, Ausführungsgenehmigungen, Wertfeststellungen, Gutachten sowie Sonderprüfungen durch. Dabei unterstützen die Fachleute von TÜV Rheinland sowohl Hersteller als auch Betreiber und Behörden. In Deutschland überprüft das Unternehmen jährlich rund 1.200 Fliegende Bauten, davon rund 750 Fahrgeschäfte und 450 Bühnenbauten, Tribünen und Zelte. TÜV Rheinland ist in Berlin und Rheinland-Pfalz als Ausführungsgenehmigungsbehörde akkreditiert und übernimmt ebenfalls als Prüfstelle für Baustatik von Fliegenden Bauten staatsentlastende Tätigkeiten.

In welchen Schritten werden Fahrgeschäfte geprüft? Fahrgeschäfte benötigen zunächst schon vor dem ersten Aufstellen eine Ausführungsgenehmigung. Hierbei werden die Übereinstimmung mit den geltenden Vorschriften sowie die Sicherheit und Standfestigkeit geprüft. Die Genehmigung wird auf Basis der Überprüfung durch den Sachverständigen beispielsweise von TÜV Rheinland durch die zuständige Behörde und Genehmigungsstelle erteilt. Dies ist in der Regel das lokale Bauaufsichtsamt am Geschäftssitz des Schaustellers. Die Genehmigung gilt für maximal fünf Jahre, dann steht eine Verlängerungsprüfung an.

Mit der behördlichen Genehmigung darf das Fahrgeschäft in Betrieb genommen werden. Allerdings muss nach jedem Aufbau eine sogenannte Gebrauchsabnahme vor Ort erfolgen, die je nach Bundesland entweder durch lokale Behörden wie z. B. die Bauaufsichtsämter oder durch beauftragte Prüfunternehmen wie TÜV Rheinland durchgeführt wird.

Zusätzlich müssen die Anlagen – ähnlich wie Kraftfahrzeuge oder Aufzüge – regelmäßig intensiven technischen Prüfungen unterzogen werden. Die Intervalle für die Prüfungen variieren je nach Bundesland und Art des Fahrgeschäfts. So sind Achterbahnen jährlich zu prüfen, Karussells mit hydraulischen Auslegern oder große Riesenräder alle zwei Jahre und Kettenkarussells alle drei Jahre. Diese wiederkehrenden Prüfungen dürfen nur von speziell zugelassenen Sachverständigen durchgeführt werden. Dabei werden alle sicherheitsrelevanten Komponenten auf sichere Funktion, Rost und Verschleißerscheinungen überprüft und gegebenenfalls weiter gehende Untersuchungen wie zum Beispiel Materialanalysen angesetzt.

Vorschriften für die technischen Prüfungen enthalten in Deutschland die Bauordnungen der Bundesländer. Bei der Prüfung sind internationale Normen und Standards (wie die DIN EN 13782, die DIN EN 13814 und DIN 18516-3) zu berücksichtigen. Prüfungen dürfen nur durch Sachverständige durchgeführt werden. Die Nachweispflicht für die ordnungsgemäße Einhaltung aller Prüfungen hat der Schausteller. Hierzu wird in der Regel ein Prüfbuch geführt, in dem alle Dokumente gesammelt und bei Bedarf vorgelegt werden.

Aus der Sicht der Fachleute von TÜV Rheinland befinden sich die Fahrgeschäfte in Deutschland auf einem hohen Sicherheitsniveau. Doch auch die Fahrgäste sind dazu angehalten, die jeweiligen Sicherheitsvorschriften zu beachten. Häufig befinden sich Hinweisschilder mit Verhaltensregeln, Größen- und Altersbeschränkungen an den Kassen und zusätzlich noch im Eingangsbereich. Bei schnellen Rundfahrgeschäften ist es am sichersten, wenn Kinder auf den inneren Sitzen Platz nehmen und von einem Erwachsenen begleitet werden. Mitarbeiter der Betreiber achten darauf, dass die allgemeinen Vorschriften eingehalten werden.

Zum Beispiel: Prüfung von Elektro- und Gebäudetechnik

Moderne Immobilien verfügen über umfangreiche technische Ausstattungen, die die Sicherheit und den Komfort erhöhen. So können in vielen Gebäuden unter anderem die folgenden technischen Anlagen vorhanden sein, die auch unter eine regelmäßige Prüfpflicht fallen:

- Brandmelde- und Alarmanlagen,
- Sicherheitsbeleuchtung und Sicherheitsstromversorgungsanlagen,
- elektrische Starkstromanlagen,
- lüftungstechnische Anlagen,
- CO-Warnanlagen,
- natürliche und maschinelle Rauchwärmeabzugsanlagen,
- Druckbelüftungsanlagen zur Rauchfreihaltung in Rettungswegen sowie
- fest installierte Feuerlöschanlagen.

Diese Anlagen unterliegen dem Landesbaurecht. Welches technische Regelwerk oder welche Verordnung gilt, hängt vom jeweiligen Gebäude und seiner Nutzung ab. Konkret werden die öffentlich-rechtlichen Anforderungen für das Gebäude in der dazugehörigen Baugenehmigung geregelt.

Generell gilt: Die technischen Anlagen solcher Gebäude müssen nach der Baugenehmigung durch die Bauaufsichtsbehörden und vor der ersten Inbetriebnahme einer Prüfung und dann im laufenden Betrieb regelmäßigen Prüfungen unterzogen werden. Für die Auslegung von Prüfumfang und -tiefe sind in vielen Bundesländern die Grundsätze für die Prüfung technischer Anlagen entsprechend der jeweiligen Verordnung durch Prüfsachverständige zu beachten; grundsätzlich ist dafür der persönlich anerkannte Sachverständige selbst verantwortlich.

Für die Einhaltung der Prüfungstermine sind der Bauherr beziehungsweise der Betreiber des Gebäudes verantwortlich, der im Zweifelsfall auch die Pflicht hat, gegenüber den staatlichen Aufsichtsbehörden und seinem Versicherer nachzuweisen, dass die Prüfungen auch tatsächlich durchgeführt wurden. Er beauftragt daher Prüfsachverständige oder Sachkundige mit der Durchführung der entsprechenden Prüfungen. Der Auftraggeber hat die Pflicht, sich falls nötig auch den Anerkennungsbescheid zum Beispiel des verantwortlichen Prüfsachverständigen zeigen zu lassen.

TÜV Rheinland verfügt bundesweit über eine große Zahl von persönlich anerkannten Prüfsachverständigen für technische Anlagen. Bei diesen Prüfsachverständigen handelt es sich in der Regel um Ingenieure mit mindestens fünfjähriger Berufserfahrung, die durch eine externe Begutachtung bei der Industrie- und Handelskammer Stuttgart oder der Brandenburgischen Ingenieurkammer BBIK den Nachweis ihrer Qualifikation als Prüfsachverständiger gegenüber der Anerkennungsbehörde erbracht haben.

Was wird geprüft? Zunächst die Wirksamkeit und Sicherheit der technischen Anlage im Betrieb, aber falls nötig auch das Zusammenwirken verschiedener Anlagen untereinander. Denn wenn beispielsweise ein Brand ausbricht, müssen zahlreiche Aktionen zuverlässig ablaufen – vom Brandalarm im Gebäude und bei der Feuerwehr über den Rauchabzug bis hin zu den Feuerlöschanlagen. Nach erfolgreich durchgeführter Prüfung erhält der Bauherr oder der Betreiber einen Prüfbericht. Eine zusätzlich angebrachte Plakette erinnert daran, wann die nächste Prüfung wieder fällig ist.

Werden bei der Prüfung Mängel festgestellt, ist der Betreiber für die Beseitigung verantwortlich. Bei wesentlichen Mängeln, die zu einer Gefährdung der Sicherheit von Menschen führen, muss der Prüfsachverständige die zuständige Bauaufsichtsbehörde in Kenntnis setzen. Diese wiederum kann dann weitere Schritte anordnen, wie zum Beispiel die vorsorgliche Schließung des Gebäudes. Die Prüfsachverständigen selbst sind hierzu nicht befugt.

Prüfung von Prozessen und Managementsystemen in Unternehmen

Bei der Überprüfung von Managementsystemen in Unternehmen befassen sich die Prüfer von TÜV Rheinland, sogenannte Auditoren, nicht mit dem konkreten Produkt oder der technischen Anlage eines Unternehmens. Sie prüfen nicht die Sicherheit oder Funktionalität von Kinderspielzeug, Industrieanlagen, Autos oder Solarmodulen. Der Fokus liegt vielmehr auf den Prozessen und Systemen, die hinter dem Endprodukt stehen. Denn: Sind diese Prozesse und Systeme zielgerichtet organisiert – wie z. B. auf Basis der international anerkannten Qualitätsmanagementnorm ISO 9001 –, wirkt sich das positiv auf die Arbeit eines Unternehmens aus und ist in der Regel eine wichtige Voraussetzung, um konstant gleiche Qualität von Produkten und Dienstleistungen zu gewährleisten und diese zu verbessern.

Hat ein Unternehmen ein Managementsystem eingeführt, kann es dieses von TÜV Rheinland prüfen lassen. Nach erfolgreichem Prüfverfahren erhält es ein Zertifikat und ein Prüfzeichen von TÜV Rheinland. Die Prüfung und Zertifizierung von Managementsystemen nimmt TÜV Rheinland einerseits nach national oder international anerkannten Normen (ISO/EN/DIN) vor, andererseits nach selbst entwickelten Prüfstandards beispielsweise für Servicequalität oder nachhaltige Unternehmensführung.

Prüfung von Managementsystemen nach international anerkannten globalen Standards

Standards und Normen wie etwa die weltweit gültige ISO 9001 für Qualitätsmanagement bieten Unternehmen eine professionelle Möglichkeit, Systeme und Prozesse zu implementieren und kontinuierlich zu verbessern. Ein Unternehmen, das seine Managementsysteme auf Basis von Standards und Normen aufgebaut hat, arbeitet in der Regel koordinierter, effizienter, sicherer und planvoller an der Umsetzung seiner definierten Ziele.

In vielen Branchen werden heutzutage einheitliche Standards erwartet, die eine hohe Sicherheit und Qualität in Produktions- und Lieferketten gewährleisten. Dies ist insbesondere dann zusätzlich relevant, wenn es sich um Branchen handelt, die international stark vernetzt arbeiten und über entsprechende Wertschöpfungsketten verfügen.

Zu den bedeutenden internationalen Standards, nach denen TÜV Rheinland prüft, gehören unter anderem:

- ISO 9001 (Qualitätsmanagement)
- ISO 14001/EMAS (Umweltmanagement)
- ISO 50001 (Energiemanagement)
- OHSAS 18001 (Arbeits- und Gesundheitsschutz)
- ISO 27001 (Informationssicherheitsmanagement)
- ISO 22000 (Lebensmittelsicherheit)

Bis heute hat TÜV Rheinland weltweit etwa 50.000 Zertifikate für Managementsysteme vergeben.

Das Audit und die Zertifizierung von Managementsystemen

Der Ablauf solcher Überprüfungen von Managementsystemen ist immer vergleichbar und erfolgt in folgenden Schritten:

Voraudit (optional): Die Auditoren führen eine Vorbeurteilung durch. Sie stellen dabei fest, ob und welche Anforderungen der Norm in dem Unternehmen bereits umgesetzt sind.

Zertifizierungsaudit: Das sogenannte Zertifizierungsverfahren verläuft in zwei Stufen. Dabei prüft das Auditteam von TÜV Rheinland unter anderem, ob die Dokumentation des Managementsystems bereits den Anforderungen der Norm entspricht. In Stufe 2 prüfen die Auditoren die praktische Anwendung des Managementsystems und seine Wirksamkeit.

Zertifikatserteilung: Nach erfolgreichem Zertifizierungsverfahren erhält das Unternehmen das Zertifikat. Es bescheinigt die Normkonformität und Funktionsfähigkeit des Managementsystems. Darüber hinaus wird das Unternehmen in die Online-Zertifikatsdatenbank von TÜV Rheinland unter www.tuv.com aufgenommen. Dort können sich Interessenten schnell und jederzeit einen Überblick über alle gültigen Zertifikate verschaffen.

Jährliche Überwachungsaudits: Im Rahmen jährlicher Überwachungsaudits überprüfen die Auditoren von TÜV Rheinland die Prozesse auf Aufrechterhaltung der Normkonformität.

Re-Zertifizierung: Nach längstens drei Jahren erlischt das Zertifikat automatisch. Mit der Re-Zertifizierung vor Ablauf von drei Jahren setzen Unternehmen den kontinuierlichen Verbesserungsprozess dauerhaft fort und dokumentieren ihr Engagement gegenüber Partnern und Kunden.

Staatliche Anerkennung und Kontrolle

TÜV Rheinland hält spezielle Akkreditierungen für die Zertifizierung nach international anerkannten Normen in den jeweiligen Ländern, in denen das Unternehmen seine Standorte hat. Eine Akkreditierung ist eine Anerkennung, um eine Tätigkeit ausüben zu dürfen. In Deutschland ist die Akkreditierung eine hoheitliche Aufgabe des Bundes und durch das Akkreditierungsstellengesetz geregelt. Verantwortlich ist hierfür die Deutsche Akkreditierungsstelle in Berlin (www.dakks.de). Die DAkkS ist die deutsche nationale Akkreditierungsstelle nach der europäischen Verordnung 765/2008 EG. Sie ist konkurrenzlos und eine wichtige Kontrollinstanz für die Unabhängigkeit und Kompetenz von TÜV Rheinland.

TÜV Rheinland-Auditoren und ihre Ausbildung

Auch die Auditoren von TÜV Rheinland selbst werden in ihrer Tätigkeit überwacht. Sie sind speziell für das Prüfen von Managementsystemen ausgebildet. Auditoren, die Managementsysteme gemäß international anerkannten Normen wie ISO 9001 prüfen, müssen folgende Anforderungen erfüllen:

- abgeschlossene Berufsausbildung oder Hochschulstudium,
- mindestens fünf Jahre Berufstätigkeit nach der Ausbildungsphase für jene, die kein Hochschulstudium absolviert haben/mindestens vier Jahre Berufstätigkeit für jene mit Hochschulabschluss,
- die Auditoren arbeiten mindestens zwei Jahre von den vier bzw. fünf Jahren in dem Managementsystembereich, für den sie die Auditorenzulassung anstreben,
- die Auditoren absolvieren erfolgreich eine mehrtägige Auditorenausbildung und durchlaufen 20 Audittage als Trainee. Anschließend erfolgt eine schriftliche Bewertung durch einen erfahrenen Leitauditor, der ihn oder sie als qualifizierten Auditor bestätigt.

Prüfung nach eigenen Standards von TÜV Rheinland

Neben der Überprüfung von Prozessen und Managementsystemen gemäß international anerkannten Standards führt TÜV Rheinland auch die Auditierung und Zertifizierung von Dienstleistungen und Prozessen in Unternehmen nach Standards durch, die TÜV Rheinland vollständig selbst oder in Kooperation mit Verbänden, Universitäten oder wissenschaftlichen Instituten entwickelt hat.

Grundsätzlich ist die Entwicklung dieser Hausstandards von TÜV Rheinland immer sehr eng mit vorhandenen ISO-Normen und anerkannten Standards verbunden. Das Problem bei diesen etablierten ISO-Normen und Standards ist allerdings, dass die Normenforderungen häufig nicht weit genug gehen. Zusätzlich lassen sie teilweise Branchenanforderungen außer Acht. Das lässt sich am Beispiel des Gesundheitswesens verdeutlichen. Erst 2013 wurde ein Standard zum Qualitätsmanagement im Gesundheitswesen veröffentlicht. Bis dahin hatte jede Fachgesellschaft (wie beispielsweise die KTQ GmbH) oder jeder Verband eigene Standards – auch unter Einbindung des TÜV Rheinland – entwickelt und zur Prüfung freigegeben. Die nun geltende Norm DIN EN 15224 basiert ebenso wie die meisten Standards von TÜV Rheinland auf der ISO 9001. Sie ist aber speziell auf das Gesundheitswesen ausgerichtet.

TÜV Rheinland hat Know-how, das von offiziellen Normengremien genutzt wird. Daher ist TÜV Rheinland aufgrund seiner Erfahrung auch selbst in der Lage, Standards aufzubauen und diese als Prüf- und Zertifizierungsgrundlage einzusetzen, wo es der Verbesserung der Arbeit von Unternehmen dient. Die Entwicklung eines TÜV Rheinland-Hausstandard resultiert oftmals aus konkreten Markt- oder Branchenanforderungen. Diese branchen- oder themenspezifischen Standards basieren dann wiederum auf vorhandenen anerkannten Standards (ISO, EN oder DIN) und werden an das Thema angepasst. Eine solche Vorgehensweise hat zur Folge, dass für alle Randbedingungen der Arbeit von TÜV Rheinland – also beispielsweise die Durchführung von Prüfungen und die Ausbildung der Auditoren – die akkreditierten Standards als Richtlinie dienen.

Für die meisten Zertifikate, die TÜV Rheinland ausstellt, gilt, dass sie nach spätestens drei Jahren erlöschen, sodass dann eine neue Zertifizierung erforderlich ist. Alle ausgestellten Zertifikate sind unter www.tuv.com im Internet abrufbar.

TÜV Rheinland hat unter anderem folgende Standards entwickelt und führt Prüfverfahren auf Basis dieser Standards durch:

- Geprüfte Servicequalität
- Geprüfte Servicequalität Finance
- Geprüfte Beratungsqualität Finance
- Nachhaltige Unternehmensführung
- Kundenzufriedenheit

Geprüfte Servicequalität

Aufgrund von Anfragen aus der Hotellerie hat TÜV Rheinland im Jahr 2002 den Standard für Servicequalität entwickelt. Wegen der ständig steigenden Nachfrage aus anderen Branchen, wie z. B. dem technischen Handel, ist der Standard branchenneutral gehalten und bis heute für unterschiedliche Branchen einsatzfähig. TÜV Rheinland hat bereits etwa 300 Unternehmen nach diesem Standard geprüft. Weltweit sind rund 50 Auditoren für diesen Standard ausgebildet.

Ziel des Standards ist es, eine Systematik zu liefern, die es ermöglicht, den Kunden in den Fokus des unternehmerischen Handelns zu stellen und zufriedenzustellen. Das Mittel dafür ist eine systematische Analyse und ein Übertreffen der Kundenerwartungen an jedem Berührungspunkt zwischen Unternehmen und Kunden. So zielt der Standard darauf ab, die Servicequalität in einem Unternehmen systematisch zu verbessern. Der Standard basiert in seinen Grundzügen auf der ISO 9001, allerdings wurde die Perspektive verändert: Im Gegensatz zu einer Zertifizierung eines Qualitätsmanagements aus Unternehmenssicht handelt es sich um ein Servicequalitätsmanagement, das aus Kundensicht begutachtet wird.

Der Standard umfasst rund 120 Kriterien. So muss das Unternehmen einen Serviceleitfaden inklusive einer Servicephilosophie erstellen und sicherstellen, dass jeder Mitarbeiter die Inhalte kennt und anwendet. Weiterhin müssen die Verantwortungen klar geregelt sein. Es sollen Verfahren zur Lenkung der Dokumente und Daten vorhanden sein. Das Kernstück der Systematik ist aber die Analyse und Festlegung der Berührungspunkte zwischen Unternehmen und Kunden (Servicepunkte). An jedem dieser Servicepunkte ist das Unternehmen gefordert, die Kundenerwartungen zu analysieren und mit den tatsächlichen Gegebenheiten abzugleichen. Abschließend muss das Unternehmen darlegen, ob und wie die Kundenerwartung an diesem Punkt übertroffen werden kann. Zusätzliche Anforderungen sind noch hinsichtlich der Schulung der Mitarbeiter (Kundenorientierung), der Implementierung eines Reklamationsmanagements und bei Marketing und Vertrieb zu erfüllen.

Da der Standard seinen Schwerpunkt auf die Qualität im Service setzt, muss die Prüfung neben dem Audit auch einen sogenannten Mysterycheck beinhalten. Das bedeutet, dass der Auditor im ersten Teil der Prüfung nach einer detaillierten Analyse der Informationen aus dem Internet (Bewertungsportale, Homepage, Kauf- oder Buchungsmöglichkeiten) als normaler Kunde das Unternehmen erlebt. Im Hotel checkt er beispielsweise als Gast ein und durchläuft das gesamte Serviceangebot des Hotels, bevor er sich am zweiten Tag des Audits als Prüfer zu erkennen gibt und ein reguläres, offenes Audit durchführt. Im Rahmen des Mysterychecks wird auch eine Fotodokumentation erstellt, die die gefundenen Verbesserungshinweise oder Abweichungen festhält.

Das Zertifikat hat eine Laufzeit von maximal drei Jahren mit jährlichen Überwachungsaudits.

Zertifizierte Servicequalität Finance

Die Grundlagen für diesen Standard hat TÜV Rheinland im Jahr 2005 gelegt, als die Versicherungswirtschaft vermehrt nach Richtlinien für den Aufbau eines Managementsystems für Servicequalität fragte. Aufgrund dieser Branchenanforderungen entwickelte TÜV Rheinland den Standard „Zertifizierte Servicequalität – Finance". Das Ziel: ein Gerüst für ein Servicemanagement für Banken, Sparkassen und Versicherungen zu schaffen. Bisher hat TÜV Rheinland rund 30 Banken, Sparkassen und Versicherungen zertifiziert.

Der Standard berücksichtigt die kundennahen Bereiche, aber auch das Backoffice, deren Servicequalität von den Endkunden wahrgenommen wird. Er basiert auf der gängigen Qualitätsmanagementnorm ISO 9001, allerdings wurde die Perspektive verändert. Im Gegensatz zu einer Zertifizierung eines Qualitätsmanagements aus Unternehmenssicht handelt es sich bei diesem Standard um Anforderungen an ein Servicequalitätsmanagementsystem, das stärker aus Kundensicht betrachtet wird. Zur Betreuung der Kunden und Sicherung einer hohen Kundenzufriedenheit sind systematische Serviceprozesse notwendig, die auch umgesetzt werden. Sie sollen gewährleisten, dass das Unternehmen die Versprechen gegenüber seinen Kunden dauerhaft erfüllen kann.

Der Fokus des Standards liegt auf der Qualität des Service. Dabei spielen die unmittelbaren Erlebnisse des Kunden eine Rolle, beispielsweise wie er das Unternehmen im persönlichen, telefonischen oder schriftlichen Kontakt wahrnimmt. Zusätzlich werden die unternehmensinternen Prozesse der Leistungserbringung betrachtet, wie zum Beispiel die Bearbeitungszeiten und -qualität.

Beim Prüfverfahren arbeiten sich die Auditoren in die Abläufe und Serviceprozesse des Unternehmens ein. Dabei wird analysiert, welche Prozesse für den Service wichtig sind. Anschließend wird die Wirksamkeit dieser Serviceprozesse in den jeweiligen Bereichen vor Ort überprüft. Beispielsweise prüft der Auditor das Servicecenter und die Geschäftsstellen oder auch die Schadensabwicklung in Versicherungsunternehmen. Auch werden Auditgespräche mit Führungskräften und Mitarbeitern direkt an den Arbeitsplätzen durchgeführt. Dabei verfolgt der Auditor stichprobenartig einzelne Vorgänge, die für die Beurteilung der Servicequalität wichtig sind.

Zertifizierte Beratungsqualität Finance

Ausgangspunkt für den 2007 entwickelten TÜV Rheinland-Standard für Beratungsqualität Finance sind Anforderungen aus der Versicherungsbranche. Unternehmen wollten ihre organisatorischen Maßnahmen, die zur Verbesserung der Beratungsqualität dienten, einer externen Überprüfung unterziehen. Zu der Zielgruppe zählen Banken, Sparkassen und Versicherungen, aber keine Maklerunternehmen oder Finanzvermittler. Der Standard konzentriert sich bislang auf Deutschland. Inzwischen wurden etwa 30 Zertifikate bei Banken, Sparkassen und Versicherungen ausgestellt.

Worum geht es bei dem Standard? Zur Betreuung der Kunden ist ein systematischer Beratungsprozess notwendig. Dieser soll so zugeschnitten sein, dass die Beratung den Bedarf des Kunden deckt. Der Kunde soll zum Abschluss der Beratung in der Lage sein, seine Situation und seinen Bedarf richtig einzuschätzen. Beratungsqualität darf kein von Personen und Situationen abhängiges Zufallsprodukt sein, sondern ist für TÜV Rheinland Ergebnis eines systematischen Vorgehens.

Im Zentrum steht die Prüfung, ob eine Bank, Sparkasse oder Versicherung die Beratungsqualität sicherstellen kann. TÜV Rheinland untersucht die Umsetzung des Beratungsprozesses in der Praxis auf Basis von Szenarien, die der Berater durchläuft. Ferner werden Rahmenfaktoren geprüft wie beispielsweise die Beratungsunterlagen, Dokumentation und Informationsversorgung der Kunden. In dem Prüfverfahren ziehen die Auditoren 80 Kriterien heran, um die Beratungsqualität bewerten zu können. TÜV Rheinland prüft auf Basis von Dokumenten und Gesprächen mit Führungskräften und Beratern. Zu Beginn eines Zertifizierungsaudits werden anhand der Dokumentationen zum Beratungsprozess (wie z. B. Prozessbeschreibungen, Schulungsunterlagen) die Voraussetzungen geprüft. In der zweiten Phase werden Berater von TÜV Rheinland interviewt, um festzustellen, ob sie den Prozess in der Praxis anwenden können.

Das Zertifizierungsaudit verläuft wie die Prüfverfahren für akkreditierte Standards. Das heißt, das Zertifikat hat eine Laufzeit von maximal drei Jahren. Im Rahmen jährlicher Überwachungsaudits überprüft TÜV Rheinland, ob das Unternehmen die Anforderungen des Standards weiterhin erfüllt.

Nachhaltige Unternehmensführung

Marktuntersuchungen des TÜV Rheinland haben gezeigt, dass vor allem mittelständische Unternehmen unsicher sind, was die Integration von Nachhaltigkeit in die Unternehmenspraxis angeht. Zudem hat die International Standard Organisation im Januar 2011 die ISO 26000 zum Thema Nachhaltigkeit veröffentlicht, nicht aber zur Zertifizierung freigegeben. Das heißt: Es dürfen keine Zertifikate nach ISO 26000 ausgestellt werden. Damit gibt es derzeit in Deutschland keinen branchenübergreifenden Standard für nachhaltige Unternehmensführung, der Ökologie, Ökonomie und Soziales gleichermaßen abdeckt. Der Standard „Nachhaltige Unternehmensführung" des TÜV Rheinland liefert Unternehmen einen Handlungsrahmen, der ihnen hilft, diese drei Nachhaltigkeitsaspekte systematisch in ihre Unternehmensziele und -strategie einzubinden und in die Unternehmensstruktur zu verankern. Zugleich dient er als Basis für eine Unternehmenszertifizierung durch TÜV Rheinland. Durchläuft ein Unternehmen erfolgreich das Prüfverfahren, erhält es ein Zertifikat und Prüfsiegel, das ihm eine zukunftsorientierte und nachhaltige Unternehmensführung bestätigt. Der Standard wurde 2013 entwickelt, ist also noch sehr jung.

Der Standard basiert auf den Anforderungen der Normen ISO 9001 (Qualität), ISO 14001 (Umwelt), ISO 50001 (Energie), ISO 18001 (Arbeitsschutz), ISO 26000 (Nachhaltigkeit), ISO 27001 (Informationssicherheit) und SA 8000 (Arbeitsbedingungen). Er umfasst die Handlungsfelder Unternehmensführung, soziale Verantwortung, Arbeits- und Gesundheitsschutz, Qualität, Energie und Umwelt, Informationssicherheit sowie das Arbeiten im Einklang mit den Gesetzen (Compliance).

Insgesamt besteht der Standard aus rund 180 Einzelanforderungen. Das Zertifizierungsaudit verläuft analog den Prüfverfahren für akkreditierte Standards. Wird das Zertifikat erteilt, hat es eine Laufzeit von drei Jahren, wobei jährliche Überwachungsaudits durchgeführt werden.

Exkurs: Geprüfte Kundenzufriedenheit

Über diese Zertifizierungen von Prozessen und Managementsystemen in Unternehmen hinaus vergibt TÜV Rheinland seit 1998 das Prüfzeichen auch für Kundenzufriedenheit. Basis für die Vergabe dieses Prüfzeichens von TÜV Rheinland sind Befragungen der Kunden. Das heißt: Es findet keine Prüfung von Managementsystemen oder Prozessen in einem Unternehmen statt (wie beispielsweise bei der Zertifizierung der Servicequalität durch TÜV Rheinland). Das Prüfzeichen für Kundenzufriedenheit wird in zwei Varianten vergeben: entweder auf Basis einer Kundenumfrage, die ein Unternehmen selbst durchgeführt und die TÜV Rheinland dann überprüft, oder auf Basis der Ergebnisse einer Kundenbefragung, die TÜV Rheinland über die Leistung des jeweiligen Unternehmens durchgeführt hat.

Das Prüfzeichen wird vergeben, wenn aus Kundensicht die Erwartungshaltung an das jeweilige Unternehmen erfüllt ist und die überwiegende Mehrheit der Kunden zufrieden mit der Leistung ist. Führt TÜV Rheinland die Befragung durch, wählt der Prüfdienstleister hierzu eine zufällige repräsentative Stichprobe an Kunden aus, die befragt werden. Die Stichprobe kann je nach Unternehmensgröße bis zu 2.000 Kunden umfassen. Zur Beurteilung der Zufriedenheit stellt TÜV Rheinland 25 geschlossene Fragen zur Zuverlässigkeit, Kompetenz, Freundlichkeit und Gesamtzufriedenheit. Es gibt jeweils fünf Noten zur Bewertung.

Alternativ dazu vergibt TÜV Rheinland das Prüfzeichen auch auf Basis einer Befragung, die das beauftragende Unternehmen selbst durchgeführt hat. Dazu müssen der zugrunde liegende Fragebogen und die Bewertung der Systematik von TÜV Rheinland entsprechen und die Daten müssen aktuell erhoben worden sein. Sind diese Voraussetzungen erfüllt, erfolgt durch TÜV Rheinland die Auswertung und Überprüfung des Datensatzes. Ferner erfolgt beim Auftraggeber eine Überprüfung der Stichprobenauswahl, der Qualifikation der Interviewer und der Abläufe bei Durchführung der Befragung. Das Prüfzeichen von TÜV Rheinland wird auch in diesem Fall vergeben, wenn aus Kundensicht die Erwartungshaltung an das jeweilige Unternehmen erfüllt ist und die überwiegende Mehrheit der Kunden zufrieden mit der Dienstleistung ist.

Prüfung von Sozialstandards in der Industrie

Seit 2002 führt TÜV Rheinland als weltweit tätiger unabhängiger Prüfdienstleister in verschiedenen Ländern die Überprüfung von Sozialstandards in der Produktion und Industrie durch. Die Kontrollen finden durch ausgebildete Auditoren nach verschiedenen Standards statt, für deren Überprüfung TÜV Rheinland zugelassen ist. Schwerpunktländer der Audits sind insbesondere Schwellenländer wie unter anderem Bangladesch, China, Indien sowie weitere südostasiatische Regionen. Aber auch in verschiedenen europäischen Ländern nimmt die Zahl solcher Audits zu.

Ziel der Audits ist es, grundlegende Sozialstandards in der globalen Lieferkette bei der Fertigung von Waren sicherzustellen und deren Einhaltung zu überwachen. Anerkannte Standards, nach denen TÜV Rheinland prüft, sind beispielsweise der Standard SA 8000 des Social Accountability Institute (USA), der Standard der Business Social Accountability Initiative (BSCI, Europa) sowie der Ethical Trading Initiative (ETI, Europa). In einzelnen Branchen sind zudem vergleichbare Standards etabliert, für deren Auditierung TÜV Rheinland ebenfalls zugelassen ist. Dazu zählen der Standard des International Council of Toy Industries (ICTI, Spielzeug) sowie Worldwide Responsible Accredited Production (WRAP) in der Textilbranche oder der Standard der Pharmaceutical Supply Chain Initiative (PSCI) in der pharmazeutischen Industrie. Zulieferer der Elektroindustrie prüft TÜV Rheinland nach dem Electronic Industry Code of Conduct (EICC).

Bisher hat TÜV Rheinland nach solchen Sozialstandards weltweit bereits einige Tausend Unternehmen auditiert. Wichtigstes Ziel solcher Audits ist es, dem auditierten Unternehmen eindeutig aufzuzeigen, wo Potenziale zur Verbesserung der Arbeitsbedingungen liegen.

Kriterien der Sozialstandards

Zentrale Kategorien der verschiedenen Sozialstandards orientieren sich generell an der Einhaltung des lokal geltenden Rechts sowie an den grundlegenden Forderungen der Arbeitsorganisation der Vereinten Nationen ILO. So beinhaltet der Standard SA 8000 beispielsweise folgende Kategorien:

- Verbot von Kinder- und Zwangsarbeit,

- Verbot von Rassen-, Geschlechts- und Religionsdiskriminierung,

- Recht auf Vereinigungsfreiheit, auf Organisation in Gewerkschaften und kollektive Lohnverhandlungen,
- Festlegung der Höchstarbeitszeit auf 48 Stunden pro Woche, mit einem freien Tag,
- Garantie von existenzsichernden Löhnen,
- Einforderung und Einführung von menschenwürdigen Arbeitsbedingungen,
- systematische Verbesserung der Bedingungen im Betrieb,
- Dokumentation nach außen durch Zertifizierung.

In Übereinstimmung mit den Konventionen der Internationalen Arbeitsorganisation fordert die BSCI-Norm:

- Einhaltung der national gültigen Gesetze,
- Versammlungsfreiheit und das Recht auf Kollektivverhandlungen,
- Verbot jeglicher Diskriminierung,
- Einhaltung der gesetzlichen Mindestlöhne und Sicherung des Lebensunterhalts,
- Festlegung der Höchstarbeitszeit auf 48 Stunden pro Woche und Begrenzung der Überstunden,
- Klare Regeln und Verfahren für Gesundheit und Sicherheit am Arbeitsplatz,
- Verbot von Kinderarbeit,
- Verbot von Zwangsarbeit und Disziplinarmaßnahmen,
- Einhaltung der Mindestanforderungen für die Abfallbewirtschaftung, für Emissionen und für die Abwasserbehandlung,
- Einhaltung der Mindestanforderungen für den Umgang mit Chemikalien und anderen gefährlichen Stoffen.

Audits: Dauer und Ablauf

Der Ablauf der Audits orientiert sich an vergleichbaren Vorschriften für die Überprüfung von Managementsystemen wie beispielsweise ISO 14000 im Umweltmanagement. Die Vorgaben zum Ablauf der Audits, zur Erstellung von Auditberichten und Dokumentation werden nicht von TÜV Rheinland definiert, sondern ergeben sich aus den Vorgaben des jeweiligen Standards. Ein Beispiel: Analog zur Auditierung des Umweltmanagements nach der weltweit gültigen ISO 14000 werden Audits bei Sozialstandards angekündigt. Ausnahmen bilden hier einige Branchenstandards wie der ICTI-Standard, der ausdrücklich unangekündigte Audits vorsieht.

Die Audits werden je nach Standard in der Regel in einem ein- bis dreijährigen Rhythmus wiederholt. Die Auditoren des TÜV Rheinland arbeiten dabei beispielsweise im Auftrag des Fabrikbetreibers, eines Herstellers oder Handelsunternehmens. Sie nehmen keine behördliche, polizeiliche oder staatliche

Aufsichtspflicht wahr. Diese obliegt selbstverständlich den Behörden der jeweiligen Länder, in denen die Produktion besteht. Die Neutralität der Auditoren ist durch die Einbindung von TÜV Rheinland sowie der Auditoren in die nationalen und internationalen Akkreditierungssysteme gewährleistet. Dies umfasst auch regelmäßige unabhängige Kontrollen der Tätigkeit von TÜV Rheinland und seiner Auditoren durch Akkreditierer, Standard gebende Organisation und nationale Aufsichtsbehörden.

Auch die Auditoren selbst sind in ein Qualitäts- und Kontrollsystem eingebunden. TÜV Rheinland beschäftigt nur Auditoren mit eingehender Berufserfahrung, die über entsprechende Kenntnisse der Auditierung von Managementsystemen und Sozialstandards verfügen. Zudem durchlaufen die Auditoren zunächst eine spezielle Ausbildung, die die jeweiligen Standards betrifft und die beispielsweise beim BSCI-Standard eine Woche umfasst. Darüber hinaus hospitieren neue TÜV Rheinland-Auditoren nach einem achttägigen Training zunächst bei Audits von sehr erfahrenen Experten. Schließlich sind sie zu regelmäßigen Fortbildungen sowie einem systematischen Erfahrungsaustausch zwischen den Auditoren verpflichtet. Darüber hinaus finden regelmäßige Monitorings durch die Führungskräfte im Rahmen der Audittätigkeit statt.

Stets gilt in der täglichen Arbeit, dass die Auditergebnisse und die Arbeit von Auditoren nicht nur im Rahmen des internen Qualitätsmanagements bei TÜV Rheinland, sondern auch extern durch die Standard gebende Organisation oder den Akkreditierer überprüft werden.

Die Dauer der Audits durch TÜV Rheinland oder ein anderes anerkanntes Prüfunternehmen richtet sich nach den Vorgaben des jeweiligen Standards. In der Regel basiert die Festlegung der Zeit für das Audit vor Ort in einer Produktionsstätte auf der Größe, Zahl der Mitarbeiterinnen und Mitarbeiter sowie der Art und Komplexität der Produktionsabläufe. Bei großen Unternehmen mit über 1.000

Mitarbeiterinnen und Mitarbeitern dauert ein Audit bis zu fünf Werktage, bei kleinen Unternehmen mindestens anderthalb Werktage. Die Vorbereitung auf diese Audits nimmt allerdings oftmals weitaus mehr Zeit in Anspruch. Häufig wird bereits im Vorfeld eines Audits ein Self-Assessment von dem Unternehmen durchgeführt. Erforderlich ist auch eine Einverständniserklärung, dass TÜV Rheinland Fotos in der Produktionsstätte aufnehmen und unbeeinflusst Einsicht in relevante interne Unterlagen nehmen darf sowie vertrauliche Interviews mit den Mitarbeitern führen kann.

Das eigentliche Audit führt TÜV Rheinland vor Ort in der Produktionsstätte durch. Dabei stellen die Auditoren fest, ob sich das Werk beispielsweise an die Richtlinien des vorgegebenen Verhaltenskodexes hält, und überprüfen, ob es Lücken hinsichtlich der Anforderungen des Sozialstandards gibt. Das Audit beginnt mit einer Eingangsbesprechung, in der Ziel und Ablauf der Prüfung erläutert werden.

Anschließend inspizieren die Prüfer das Werk, einschließlich des Produktionsbereichs und der Sozialbereiche wie Schlafsäle oder Kantine. Hierbei handelt es sich um eine reine Begehung beispielsweise im Hinblick auf menschenwürdige Arbeitsplatzgestaltung oder Hygiene. Bautechnische Kontrollen, Kontrollen der Gebäudestatik, Brandschutzanlagen sowie Gebäude- und Elektrotechnik sind kein Bestandteil der Audits. Bei offensichtlichen Mängeln informieren die Auditoren jedoch selbstverständlich unverzüglich Betreiber und Auftraggeber.

Als weiterer Bestandteil befragen die Auditoren Führungskräfte und Mitarbeiter und überprüfen die Dokumentationen – unter anderem, ob die Betriebsgenehmigungen durch die lokalen Behörden vorliegen –, mit denen die Einhaltung der Kriterien belegt werden muss. Die vertraulichen Gespräche mit Mitarbeiterinnen und Mitarbeitern führen die Prüfer einzeln, aber auch in Gruppen durch. Die Auswahl der Mitarbeiterinnen und Mitarbeiter, mit denen die Auditoren sprechen, erfolgt auf Vorschlag der Auditoren, wobei die Beschäftigten selbstverständlich ihr Einverständnis geben müssen.

Ergebnisse und Dokumentation

Die Ergebnisse des Audits werden in einem umfassenden Auditbericht von TÜV Rheinland zusammengefasst, dem Auftraggeber zur Verfügung gestellt und – je nach Auditsystem – auch der jeweiligen Standardorganisation übergeben und gegebenenfalls veröffentlicht. So umfasst eine BSCI-Auditierung, dass die Prüfresultate in die BSCI-Datenbank einfließen, damit andere BSCI-Mitglieder sehen können, welche Unternehmen erfolgreich das BSCI-Audit durchlaufen haben. Werden wie beispielsweise bei SA 8000 nach einer erfolgreichen Prüfung Zertifikate ausgestellt, sind diese wie alle von TÜV Rheinland ausgestellten Zertifikate auf der Internetplattform Certipedia unter www.tuv.com hinterlegt.

Werden Mängel festgestellt, bewertet TÜV Rheinland die Schwere. So gibt es bestimmte K.o.-Kriterien, die dazu führen, dass eine Überprüfung nicht erfolgreich abgeschlossen werden kann. Dazu zählen grobe Verstöße gegen die grundlegenden Regeln der ILO wie beispielsweise Zwangsarbeit oder Kinderarbeit oder auch, dass die Auditoren feststellen, dass in kritischen Punkten falsche Angaben gemacht wurden.

Bei geringeren Mängeln werden diese im Auditbericht dokumentiert und müssen in einem festgelegten Zeitrahmen, spätestens zum nächsten Re-Audit, beseitigt sein.

Die Durchfallquote von Unternehmen, die erstmals eine Anerkennung nach einem der gängigen Sozialstandards anstreben, liegt bei den von TÜV Rheinland überprüften Unternehmen bei 50 bis 75 Prozent.

Prüfungen in der virtuellen Welt

Informationssicherheit einschließlich Datenschutz und Datensicherheit, Datenschutz und Funktion von Internetseiten oder auch die Sicherheit von Kommunikations- und IT-Geräten: TÜV Rheinland ist auf vielfältige Weise in der virtuellen Welt als unabhängiger Prüfdienstleister aktiv.

Allein rund 270 Fachleute weltweit sind spezialisiert auf den Bereich der Informationssicherheit. Dabei prüft TÜV Rheinland nicht nur in Unternehmen Managementsysteme für Informationssicherheit nach der weltweit geltenden ISO 27000. Vielmehr vergibt TÜV Rheinland auch bestimmte Prüfzeichen, die darüber hinausgehen oder speziell auf Angebote von Internetseiten zugeschnitten sind.

Datenschutzprüfung „Check your App"

TÜV Rheinland hat das Prüfverfahren „Check your App" in den Jahren 2012 und 2013 entwickelt. Bisher sind fast 100 Apps erfolgreich von TÜV Rheinland geprüft worden und auf der Internetseite www.checkyourapp.de abgebildet, aber es werden stetig mehr.

Zum Hintergrund: Bereits 2012 bestand bei Fachleuten der Verdacht, dass immer mehr App-Anbieter die Daten von mobilen Endgeräten (Smartphones oder Tablet-PCs) an Dritte übermitteln und weiterverarbeiten – ohne Wissen der Anwender. Für Nutzer gab es zu diesem Zeitpunkt keinerlei Schutzmöglichkeit. Dies war die Initialzündung für TÜV Rheinland, Anforderungen in Bezug auf Datenschutz und besonders hinsichtlich der Übermittlung personenbezogener Daten zu definieren. Um die Einhaltung dieser Anforderungen überprüfen zu können, entwickelte TÜV Rheinland einen Standard und ein spezielles Testverfahren. In einem ersten großangelegten Testlauf mit 500 Apps bestätigte sich der Verdacht: Etwa 40 Prozent der getesteten Apps versendeten personenbezogene Daten im Hintergrund – und das ohne bewusste Einwilligung der Nutzer.

„Check your App" mit dem entsprechenden Prüfzeichen verfolgt zwei Hauptziele: Es liefert eine kostenfreie Entscheidungshilfe für App-Nutzer und steigert das Vertrauen in Apps. Auch die Anbieter machen sich durch die Prüfung vermehrt Gedanken über die Notwendigkeit, die Daten jeweils zu erheben. Denn häufig wissen die Anbieter überhaupt nicht, welche Daten wohin gesendet werden. Abweichend von den Anforderungen der App-Anbieter programmieren Entwickler oft weitere Werbenetzwerke in die App mit ein, ohne den Anbieter darüber zu informieren. Das heißt, dass App-Anbieter oft erst durch TÜV Rheinland erfahren, welche personenbezogenen Daten durch ihre App übermittelt werden und welche Zielserver mit diesen Daten versorgt werden. Ein negatives Prüfergebnis nutzen App-Anbieter daher häufig, um ihre App hinsichtlich des Datenschutzes zu verbessern.

Der TÜV Rheinland-Standard zur Prüfung von Apps basiert auf einem eigenen Anforderungskatalog. Die Ergebnisse werden über zwei Teilprüfungen gewonnen. Der App-Anbieter hat über seine Eigenerklärung (Modul 1) online die Möglichkeit, alle Erkenntnisse über seine App anzugeben und den Grund für einzelne Datenübermittlungen plausibel zu erklären. Das zweite Modul beinhaltet die Prüfung der App im Testlabor. Dabei wird die App bedient und der gesamte Datenverkehr mitgelesen und für die Auswertung vorbereitet. So können Abweichungen zu den Angaben des App-Anbieters festgestellt werden. Alle gewonnenen Erkenntnisse werden für die Bewertung genutzt. TÜV Rheinland prüft, ob der Anforderungskatalog eingehalten wird oder nicht.

Der Anforderungskatalog, den eine App für eine erfolgreiche Prüfung zu erfüllen hat, beruht auf gesetzlichen Vorgaben aus dem Bundesdatenschutzgesetz und dem Telekommunikationsgesetz sowie auf Erfahrungswerten von TÜV Rheinland. Beispielsweise dürfen personenbezogene Daten ausschließlich verschlüsselt übertragen werden und der Nutzer muss der Übertragung vorher zugestimmt haben. Nach erfolgreichem Abschluss des Prüfverfahrens erhält der Anbieter für seine App das TÜV Rheinland-Prüfzeichen: Checked App, Datenschutz. Per QR-Code in dem Prüfzeichen oder auf normalem Weg im Internet gelangen potenzielle App-Käufer auf die kostenfreie Datenbank www.checkyourapp.de. Dort können sie recherchieren, ob die gewünschte oder bereits installierte App erfolgreich geprüft wurde, welcher Softwarestand überprüft wurde und wann die Prüfung erfolgt ist.

Grundsätzlich müssen die personenbezogenen Daten zur beschriebenen und ausgeführten Funktion der App passen. Beispielsweise ist es naheliegend, dass eine App, mit deren Hilfe ein Bahnhof in der Nähe gesucht werden kann, Standortdaten des Nutzers übermittelt. Die Übermittlung von Adressbuchdaten wäre für diesen Zweck aber nicht begründbar. Die Analysekriterien sind dabei in sieben Klassen eingeteilt und reichen von den Benutzerdaten, persönlichen Informationen, Adressbuchinformationen über Daten aus dem Gerätespeicher, Geräteinfos, Browserdaten bis hin zu Standortdaten. Gehört es zur definierten Funktion einer App, sensible Daten über eine Netzwerkverbindung zu übertragen, so darf dieses beispielsweise nicht unverschlüsselt geschehen.

TÜV Rheinland führt zu einem bestimmten Zeitpunkt die Prüfung einer App-Version durch. Aus diesem Grunde erhält der App-Anbieter ein Prüfzeichen mit dem Wort „geprüft" statt dem Verb „zertifiziert". Das Prüfzeichen sagt aus, dass eine bestimmte Version zu einem bestimmten Zeitpunkt geprüft wurde und den Test bestanden hat. Das heißt, das Prüfzeichen bezieht sich immer auf eine bestimmte App, die eindeutig durch App-Name, App-Version und Prüfdatum gekennzeichnet ist. Wird die App verändert, erhält sie immer einen neuen Softwarestand (neue Versionsnummer) durch den App-Anbieter. Das Prüfzeichen darf dann in Verbindung mit dieser neuen Version nur nach erneuter erfolgreich absolvierter Prüfung verwendet werden. Im Onlineportal www.checkyourapp.de werden grundsätzlich alle erfolgreichen Prüfergebnisse aufgeführt, sofern dies der App-Anbieter wünscht.

Geprüfte Website „Website Check"

TÜV Rheinland analysiert Internetseiten und zeigt die Stärken und Schwächen des Internetauftritts auf. Der Website Check basiert auf den aktuellen Erkenntnissen in den Bereichen Online-, Social-Media- und Suchmaschinen-Marketing. Darüber hinaus beurteilt TÜV Rheinland die Nutzerfreundlichkeit der Internetseite. Als Ergebnis erhalten Unternehmen einen ausführlichen, leicht verständlichen Prüfbericht. Er umfasst mehr als hundert einzelne Bewertungen. Der Kriterienkatalog für den Webseiten-Check umfasst 120 Prüfpunkte.

Untersucht werden:

- Inhalte, Text und Sprache,
- Kundenorientierung und Zielgruppenorientierung,
- Design, Layout und Benutzerfreundlichkeit,
- Markenorientierung und Markenbildung,
- Navigation und Orientierung,
- Kontaktmöglichkeiten und Service.

Nicht geprüft werden Internetseiten beispielsweise zur Vermittlung von Finanzprodukten oder Versicherungen, Vertrieb oder Darstellung erotischer Inhalte oder zur Vermittlung erotischer Kontakte, Spieleplattformen mit potenziell suchtgefährdenden Inhalten sowie Gewinnspielen oder gewaltverherrlichende Seiten. Das Prüfzeichen ist jeweils gültig für ein Jahr.

Geprüfter Datenschutz

Das deutsche Bundesdatenschutzgesetz (BDSG) regelt den Umgang mit personenbezogenen Daten, die in Informations- und Kommunikationssystemen oder auch manuell verarbeitet werden. Basis für das BDSG sind das Recht des Einzelnen auf informationelle Selbstbestimmung, der Schutz des Persönlichkeitsrechts bei der Datenverarbeitung sowie der Schutz der Privatsphäre.

Beim Prüfzeichen „Geprüfter Datenschutz" kontrolliert TÜV Rheinland operative Tätigkeiten, Geschäftseinheiten oder Verfahren eines Unternehmens, einer Behörde oder Einrichtung und beurteilt, ob sie den datenschutzrechtlichen Anforderungen des Gesetzes in Form eines Datenschutzmanagements genügen.

Die Überprüfung erfolgt nach zentralen Fragen für die jeweilige Arbeit des Unternehmens oder der Geschäftseinheit. Dazu zählen:

- Wie werden personenbezogene Daten von Kunden und Mitarbeitern erhoben, verarbeitet und gespeichert?
- Wie ist das Datenschutzmanagement gestaltet, welche Prozesse und welche technischen Maßnahmen wurden dafür installiert?
- Funktioniert der Datenschutz einwandfrei oder gibt es Schwachstellen? Wie werden Risiken des Datenschutzes im Unternehmen erkannt und gesteuert?
- Welche Verantwortlichkeiten und Rollen für Zugriff und Verarbeitung sind festgelegt?
- Wie ist das Notfallmanagement gestaltet?
- Werden die sogenannten Betroffenenrechte, zum Beispiel auf Auskunft und Löschung, wirksam umgesetzt?

Die Wirksamkeit des Systems überwacht TÜV Rheinland in jährlichen Audits.

Certified Online Shop

Fast jeder zweite Einwohner in Deutschland hat wegen Bedenken beim Datenschutz bereits einmal einen Bestellvorgang im Internet abgebrochen. Verunsicherungen bei Kunden sind immer noch ein wichtiger Grund, Onlineshops zu meiden, zu anderen Anbietern zu wechseln oder den Bestellvorgang abzubrechen. Das Prüfsiegel soll dem Verbraucher helfen, sich im Dschungel der Onlineshops zu orientieren und ein sicheres Einkaufen zu ermöglichen.

Auf Basis des von TÜV Rheinland entwickelten Standards „Certified Online Shop" führen Auditoren Vor-Ort-Prüfungen in Unternehmen durch. Ergänzend prüfen sie mögliche Schwachstellen. Dabei werden die Systeme auf Sicherheitslücken untersucht, um das Risiko zu reduzieren, dass diese von Hackern als Eintrittstor in die Unternehmenssysteme genutzt werden können. In diesem Aspekt unterscheidet sich die Prüfleistung von vielen anderen Angeboten auf dem Markt. Das heißt, es werden Prüfkriterien vor Ort bei dem Unternehmen auf Wirksamkeit geprüft und zusätzlich dokumentiert.

Der Anforderungskatalog, den TÜV Rheinland für die Prüfung von Onlineshops seit Oktober 2013 zugrunde legt, umfasst Kriterien aus fünf Bereichen. Zunächst wird die Informationssicherheit geprüft. Eine wichtige Rolle hat das verantwortliche Management bei der Frage, ob es das Thema Informationssicherheit und Datenschutz unterstützt. Die oberste Leitung muss die notwendige Infrastruktur ermitteln und zur Verfügung stellen, wie beispielsweise IT, Personal, Gebäude.

TÜV Rheinland prüft ferner, ob der Onlineshop die Gesetze einhält. Beispielsweise wird geprüft, ob bei der Aufgliederung von Preisen Endpreise hervorgehoben werden, das heißt, ob der Endpreis eindeutig ersichtlich ist. Weitere Kriterien sind: Sind Angaben zu Liefer- und Versandkosten gut wahrnehmbar und leicht erkennbar vor Durchführung des Bestellvorgangs? Enthält der Webshop keine jugendgefährdenden Inhalte, die einem absoluten Verbot unterliegen (Propagandamittel, Verfassungswidrigkeit und so weiter)?

Bei dem Bestellprozess erfolgt drittens eine Prüfung auf Sicherheit, Klarheit und Transparenz der Darstellung und darauf, inwiefern dem Kunden Widerrufsmöglichkeiten geboten werden. Bestandteil der Prüfung ist beispielsweise, ob wirklich nur jene Daten vom Kunden abgefragt werden, die zur Erfüllung des Auftrages notwendig sind. Die Auditoren führen Testbestellungen durch, prüfen die Sicherheit bei der Übertragung von Daten und bewerten alle wichtigen Informationen.

Viertens wird der Datenschutz kontrolliert: Die Prüfung erfolgt auf Basis des Bundesdatenschutzgesetzes und Telemediengesetzes. Zum Beispiel schauen sich die Auditoren an, ob das Unternehmen einen Datenschutzbeauftragten hat, sofern es gesetzlich dazu verpflichtet ist. Außerdem wird überprüft, ob alle Mitarbeiter, die mit personenbezogenen

Daten in Kontakt kommen, auf das Datengeheimnis verpflichtet sind.

Beim Thema Datensicherheit erfolgt fünftens eine Prüfung des Informationssicherheitskonzeptes (auf Basis der ISO 27001 und des BSI-Grundschutzes des deutschen Bundesamtes für Sicherheit in der Informationstechnik). TÜV Rheinland untersucht, ob ein Angreifer den Onlineshop durch den Einsatz von öffentlich erhältlichen Instrumenten und durch Ausnutzung öffentlich bekannter Schwachstellen potenziell kompromittieren könnte. Kompromittierung umfasst sowohl den unerlaubten Zugriff auf sensible Daten, etwa Kreditkarten- oder Kundeninformationen, als auch die Datenmanipulation, beispielsweise bei Transaktionsdaten.

Die Audits werden anhand von Interviews und Dokumentationen durchgeführt. Anschließend erhält der Kunde einen Abschlussbericht. Sind Schwachstellen vorhanden, erhält das Unternehmen Handlungsempfehlungen. Sind die Schwachstellen systematisch oder kritisch, wird ein Nachaudit durchgeführt. Jährliche Prüfungen durch TÜV Rheinland gewährleisten, dass der Shop auch langfristig sicher ist. Insgesamt werden mehr als 140 Kriterien geprüft. Mehr Informationen finden sich auch unter www.tuv.com/certify-your-online-shop im Internet. Das Zertifikat wird für maximal drei Jahre vergeben, aber jährlich finden Überwachungsaudits durch TÜV Rheinland statt.

Certified Cloud Service

TÜV Rheinland prüft und zertifiziert Cloud Services. Cloud ist das englische Wort für Wolke. Mit Cloud-Computing ist gemeint, dass die Infrastruktur für den Betrieb von IT wie zum Beispiel Rechenkapazitäten oder Speicher, aber auch Software nicht mehr lokal auf dem Gerät vorhanden sind, sondern in einem Netzwerk außerhalb des eigenen Computers („Cloud") zur Verfügung steht. Damit gehen Fragen des verlässlichen und sicheren Betriebs ebenso wie Fragen des Datenschutzes und der Datensicherheit einher.

Weder national noch international gibt es bislang verbindliche Anforderungen für die Cloud. Deshalb hat TÜV Rheinland einen eigenen Standard entwickelt, der sich unter anderem an den Anforderungen des Bundesdatenschutzgesetzes orientiert. „Certified Cloud Service" gehört zu den weltweit am weitesten reichenden Prüfstandards für Qualität in der Datenwolke. Der Standard wurde von TÜV Rheinland entwickelt unter anderem auf Basis der ISO 27001 für das Management der Informationssicherheit, des sogenannten BSI-Grundschutzes des deutschen Bundesamtes für Sicherheit in der Informationstechnik sowie weltweit vorbildlicher Projekte in dem Bereich, hinterlegt in der IT Infrastructure Library (ITIL).

Geprüft werden sechs Bereiche, zudem werden mögliche technische Risiken identifiziert. Dies beinhaltet die Sichtung von Konzepten und Dokumentationen und die Durchführung von Gesprächen mit den Mitarbeitern sowie die Inspektion der Maßnahmen rund um Sicherheit, Einhaltung von rechtlichen Vorgaben und Datenschutz.

- Infrastruktur: Ist die Cloud-Service-Infrastruktur sicher und ständig verfügbar?
- Datensicherheit: Welche Qualität haben die Architektur des Cloud Service und das Netzwerk in Bezug auf die Datensicherheit?
- Organisation: Sind Verantwortlichkeiten und Kompetenzen für die Bereitstellung und Entwicklung des Cloud Service definiert? Gibt es ein systematisches Management – auch für den Notfall?
- Compliance: Hält der Provider alle gesetzlichen und vertraglichen Verpflichtungen ein, z. B. seine Kunden im Falle eines Hackings innerhalb von 24 Stunden zu informieren?
- Prozesse: Gibt es Serviceprozesse für die kontinuierliche Bereitstellung und Weiterentwicklung des Cloud Service?
- Betrieb: Wie belastbar ist der Cloud Service insbesondere in Spitzenzeiten, wie ist die Performance?

Das Prüfzeichen gilt für maximal drei Jahre mit jährlichen Wiederholungsprüfungen.

Stichwortverzeichnis

A

Akademie 13, 23
Akkreditierung 9, 14, 30, 33, 35, 38, 72
Akkreditierungsstelle . . . . 33 ff., 73
Arbeitsmedizin 13, 21, 23
Arbeitssicherheit 21, 23
Audit . . . . . 29, 34, 65, 72, 75 ff., 81, 82, 84, 92
Auditor . . . . 23, 34, 71 ff., 81 ff., 91
Aufsichtsbehörde . . . 14, 27, 34, 42, 45, 48, 62, 64,
. . . . 69, 83
Aufzug . . . . 10 ff., 21, 28, 39, 42 f., 63 ff.

B

BASt 36, 47
BATSO . . . . 56 f.
Bauart geprüft 54
Benannte Stelle 34, 43
Beratungsqualität . . . . 74, 76 f.
Betriebssicherheitsverordnung . . 11, 43, 61 f., 65 f.
Brandmelder 68
BSCI – Business Social Accountability Initiative . .
. . . . 81 ff., 85
Bundesanstalt für Straßenwesen
 siehe BASt

C

CE-Kennzeichnung . . . . 30, 34 f., 58
Certipedia 23, 35, 43
CE-Zeichen 35, 58
Check your App 28, 87
Chemische Industrie 61
Cloud Service . . . . 28, 92 f.
CO_2-Fußabdruck 59
Corporate Carbon Footprint 59

D

Dampfkessel . . . . 8, 10 f., 18, 61
Dampfkessel-Überwachungsverein (DÜV) . . . 10,
. . . . 18, 21
Datenschutz . . . . 12, 23, 28, 46, 87 ff., 90 ff.
Datensicherheit . . . . 12, 23, 46, 87, 92 f.
Deutsche Akkreditierungsstelle . . . . . 33 ff., 73
Druckanlage 9
Druckbehälter . . . . 10 f., 21, 61 f.

DÜV
 siehe Dampfkesselüberwachungsverein

E

Elektromagnetische Verträglichkeit . . 22, 39, 55, 57
ENEC 58
ENEC-Zeichen . . . . 57 f.
Ergonomie 22, 53, 55

F

Fahrerlaubnis 36, 46
Fahrgeschäft . . . . 12, 36, 39, 67 f.
Fahrtreppe 66
Fahrzeugprüfung . . . . 9 f., 47
Fliegende Bauten 36, 67
FSP 10
Führerschein 36, 46
Führerscheinprüfung . . . 9, 11, 22, 25, 27, 36, 41,
. . . . 45 ff.

G

Gebäudetechnik 21, 68
Geschäftsbereich . . . . 21 ff., 61
Geschäftsbereiche 12, 17, 21
Global Compact 15, 19
Green Product 56
GS-Zeichen . . 12, 27, 29 f., 37 ff., 40, 42 f., 53 f., 57

H

Hauptuntersuchung 11, 27, 29, 38, 45, 48, 50
Hausstandards von TÜV Rheinland . . . . . 73 f.
Homologation 22

I

ILO – International Labour Organization . . 81, 85
Industrieanlage . . . . 8 f., 21, 25, 27, 43, 61
Industrie Service 12, 17, 21
Informationssicherheit . . 12, 19, 21, 23, 72, 78, 87,
. . . . 91 f.
Internet . . 13, 36, 38, 40, 43, 46, 53, 74 f., 85, 87 ff.,
. . . . 92

K

Karussell . . . . 67 f.
Konformitätsbewertung . . . . . . 33 ff., 38, 43, 58

Kraftwerk 10, 13, 25, 29
Kundenzufriedenheit 28, 39, 74, 76, 78

L

Labor . . . . .8, 13 f., 17, 26 f., 29, 37, 54, 57, 65, 88
Leben und Gesundheit 12, 17, 21, 23
Leder 55
LGA . . . . 10, 12, 19, 29 f., 40, 57
LGA tested 57

M

Managementsystem . . . . 12, 23, 28 f., 34, 39 f., 71 ff.,
. . . . 76, 78, 82 f., 87
Mobilität . . . . 9, 12, 17, 21 f., 45
Mysterycheck 75

N

Normen . . . . .7, 13, 26 ff., 33 f., 38 f., 55, 59, 63, 68,
. . . . 71 ff., 78, 82
Notified Body 34

O

Ökobilanz 59
Onlineshop . . . . .90 ff.

P

Produkte . .7 f., 10 ff., 14, 17, 21 f., 25 ff., 34 ff., 38 ff.,
. . . . 43, 53 ff., 71
Produktprüfung . . .9, 12, 14, 21 f., 29, 37, 40, 54, 57,
. . . . 59
Prüflabor
    siehe Labor
Prüforganisation . . . 26, 31, 36, 45, 47, 51, 62, 65, 67
Prüfplakette . . . . 12, 31, 50 f., 64, 66
Prüfstelle . . . . 27, 37 f., 45, 48, 54, 58, 67
Prüfzeichen . 12, 29 ff., 35, 38, 40 f., 43, 53, 71, 78 f.,
. . . . 87 ff., 93
Prüfzeichenfälschung 40

Q

Qualitätsmanagement . . 12, 23, 27, 39 f., 43, 45, 47,
. . . . 65, 71 ff., 75 f., 83

R

Rolltreppe 12, 28, 39, 66

S

Sachkundige 66, 69
Sachverständige . . . 22, 41, 43, 45 f., 48, 50, 62, 64,
. . . . .66 ff.
Schadstoffprüfung 56
Schuhe 55
Servicequalität 23, 28, 71, 74, 76, 78
Smart Grid 22
Social Accountability Institute 81
Sozialstandards . . . . .81 ff.
Spielplatz 28, 59
Systeme 12, 17, 21, 23

T

Training und Consulting 12, 17, 21, 23
TÜV 10, 26, 42
TÜV Rheinland AG . . . . 7, 11, 17 ff., 25 f.
TÜV Rheinland Berlin Brandenburg Pfalz e. V. . . . 7
. . . . 11, 15, 17 f., 25 f., 48
TÜV Rheinland Group . . . . . . .7, 9, 15, 17, 25 ff.
TÜV Rheinland Stiftung 7, 15, 17, 26

U

Überwachungsbedürftige Anlagen 11, 43, 61,
. . . . 65 f.
Umweltmanagement 23, 28, 39, 72, 82

V

Verein
    siehe TÜV Rheinland Berlin Brandenburg Pfalz e. V.

W

Website Check 89

Z

Zentralstelle der Länder für . . . .
    Sicherheitstechnik (ZLS) . . . . 34, 42 f., 62, 65
Zertifikatsdatenbank 35
Zertifizierung . . . .12, 14, 22 f., 33 f., 39 ff., 43, 58 f.,
. . . . 71 ff., 77 f.
Zugelassene Überwachungsstelle (ZÜS) . . 11, 43, 62,
. . . . 64 f.